JN045555

SDGsと人権 Q&A

松岡秀紀・岡島克樹 編著

地域・学校・企業から考える

解放出版社

第3章　学校からSDGsを考える　　99

第4章　企業からSDGsを考える　　119

はじめに

あと10年……

「ゆでガエルのたとえ」を聞かれたことがあるかもしれません。熱湯の中にカエルを入れると驚いて飛び出すけれど、水から徐々に熱していくと慣れてしまってそのまま気づかずにゆで上がり、死んでしまうというものです。

実際には熱湯に入れるとすぐに死んでしまい、徐々に熱するとすぐに気づいて逃げ出すそうですが、このたとえ話がよく知られているのは、私たちの身の回りのできごとにも思い当たる節があるからでしょう。

いま地球上で起こっている危機は、徐々に熱していくことと似ているかもしれません。危機は知らぬ間に静かに進行します。

しかし、毎年襲ってくる甚大な気象災害、あるいは極端に暑かったり寒かったりと、地球環境をめぐる身の回りの変化は、もうすでに「知らぬ間」の段階を超えています。このままでは危ない、このままではもう続かないと、多くの人がなんとなく気づいているにちがいありません。

世界に目を向けても、気候変動による極端な現象は、激しい山火事、異常な熱波や干ばつ、島しょ国の国土を消失させる海面上昇など、すでに多くの事態を引き起こし、人々の生活に深刻な影響が出ています。気候変動ではなく「気候危機」と言われていることもご存じだと思います。

IPCC（気候変動に関する政府間パネル）は、さまざまな要因が重

なって危機の連鎖が後戻りできない深刻な「臨界点」に達するのが、早ければ2030年にも訪れると警告しています。あと10年もありません。

2015年に採択されたパリ協定は、こうした気候危機を食い止めるために、産業革命以降の地球の温度上昇を2度より低く、できれば1.5度未満に抑えることを目指したものでした。

そして、この同じ2015年に国連で採択されたのが、この本のテーマであるSDGs（持続可能な開発目標）でした。後にみるように、地球環境だけでなく、この社会の多くの深刻な危機、もうこのままでは続かないという危機の認識が広く世界に共有されていたことが背景にあります。

SDGsは、貧困、飢餓、保健、教育、ジェンダー、労働、水、生産と消費、エネルギー、そして気候変動など、いま世界全体が直面しているさまざまな課題について、2030年までに達成するとされた17の目標と、そのもとに設定された169の具体的なターゲットからなっています。

SDGsも達成までにあと10年もありません。国連でも2020年からの10年間を「行動の10年」として仕切り直しをしています。

SDGsのひろがり

SDGsは日本では一般に「持続可能な開発目標」と訳されています。第1章で詳しくご紹介しますが、2015年に国連で採択された「我々の世界を変革する：持続可能な開発のための2030アジェンダ」（以下「2030アジェンダ」。アジェンダは行動計画や政策課題の意）のなかに、SDGsは含まれています。

SDGsには、上記のような世界全体が直面するさまざまな課題が、すべての国が目指すべき17の目標として書かれています。たとえば目標1は「あらゆる場所で、あらゆる形態の貧困を終わらせる」、

目標13は「気候変動とその影響を軽減するための緊急対策を取る」です。

　身近なところでもSDGsはよく出てくるようになってきました。自治体の広報紙や企業のウェブサイト、学校の授業などで、あるいは新聞記事やテレビ番組でもよく見かけるようになりました。SDGsのカラフルなロゴマークや丸いバッジを思い出す人も多いかもしれません。

　2020年3月に行われた朝日新聞社の調査によると、「SDGsということばを聞いたことがありますか」という問いに「ある」と答えた人は32.9％でした。首都圏の2都県のみのインターネットでの調査であることには考慮が必要ですが、その約2年半前の同じ調査の12.2％からは大幅に伸びていることがわかります。なお、この認知度調査は、2020年12月には全国に拡大して行われ、「ある」と答えた人は45.6％（首都圏の2都県では52.7％）に伸びています。

SDGsのいいところ

　SDGsは国連で採択されたものですが、遠い世界の問題ではありません。SDGsの各目標に示された多くの課題は、日本国内の地域社会、そして私たちの日常にも直接・間接に関わっています。

　政府は2016年からSDGs推進本部を立ち上げて取り組んでいますが、身近な自治体が積極的に取り組む例も増えてきました。多くの企業でもSDGsへの貢献を掲げています。

　また、SDGsに含まれる非常に多くの課題は、最近になって新しく出てきた課題ではありません。世界と日本の各地域や国際社会の場で、これまでもさまざまに取り組まれてきた課題です。SDGsはそれらを17の目標に整理し、世界統一のカラフルなロゴマークでわかりやすく示しています。

　このことにより、これまでは各国や各地域で、あるいはさまざ

な分野ごとに議論され、取り組まれてきた多くの課題が、このロゴマークとともに統合して認識され、議論できるようになりました。

　このことをSDGsはさまざまな問題を語るときの「共通言語」だと表現される場合もあります。これはSDGsのとてもよいところだと言えますし、人目を引きやすいカラフルなロゴマークの効果もあって、SDGsの広がりを支えてきました。

SDGsへの疑問とSDGsの限界

　しかし、こうしたSDGsの広がりやいいところにもかかわらず、本書の執筆者たちはいくつかの疑問を持ち続けてきました。正確に言うと、SDGsそのものへの疑問というよりも、国連で採択されたSDGsの日本での受容にまつわる疑問です。

　一つは、カラフルなロゴマーク、つまりSDGsだけが独り歩きしてはいないか、ということです。わかりやすいロゴマークや端的なキャッチフレーズは人々に訴え、広げていく力をもっています。しかし他方、それらが独り歩きして本来の趣旨や背景が忘れ去られると、はずれた方向へ進んでしまうこともあります。

　その本来の趣旨は「2030アジェンダ」に書かれています。SDGsの17目標と169ターゲットも非常に重要ですが、「2030アジェンダ」全体がより重要であることを最初にまず意識しておきましょう。

　もう一つはSDGsの基本理念に関することです。基本理念は上記の本来の趣旨を表すものとしてとても重要です。その一つは「誰一人取り残さない」に示される「包摂性」であり、本書のテーマである「人権」とも深く関係しています。

　このほかに「統合性」という基本理念があります。抽象的で少し難しいことばですが、「2030アジェンダ」には、SDGsの17目標と169ターゲットは「統合され不可分のもの」で、経済・社会・環境の３側面を調和させるものである、と述べられています。しかし、

これらが十分に調和できているか、ともすると、とくに「経済」に重点がおかれてしまってはいないか、という疑問です。

たとえば科学技術イノベーション（STI）は、さまざまな課題を解決に導く可能性を秘めています。しかし、それは「経済」の問題であると同時に、「社会」の問題でもあるはずです。「2030アジェンダ」は企業に対して、「創造性とイノベーション」を発揮してSDGsの達成に貢献することを求めていますが、その創造性とイノベーションは「社会」、とくにその重要な要素である「人権」の観点からも綿密に考慮される必要があります。

この疑問は、もう一つの、本書のテーマと直接関係する疑問につながっていきます。

「誰一人取り残さない」はとても重要な基本理念で、語られることもよくあります。しかしそれと一体であるはずの「SDGsと人権」について語られることは意外と少ない、それはなぜなのか、という疑問です。この疑問についてはこの本全体で考えていきましょう。

そして、SDGsの受容にまつわる問題だけではなく、SDGs自体にそもそも限界があるという議論もさまざまに語られます。国家間の政治的な利害対立、核兵器を含む武器や軍事力をめぐる問題などに、SDGsの達成を目指す議論が何らかの方向性を示してきたとは言えません。常に「経済成長」を前提とし、地球と社会の危機的な状況を生み出す大きな要因となってきた資本主義的な生産様式をどう考えるか、という問題もあります。

また、この本のテーマである人権に関しては、性的マイノリティをめぐる課題がSDGsで言及されていないことが指摘されますし、そもそも国家に対して法的拘束力を持っているはずの人権諸条約の履行がまず問われるべきではないか、という論点もあります。

この本では、そうした議論を意識しながらも、いったんSDGs自体に沿いながら理解を深めていきたいと思います。

本書の目的

「2030アジェンダ」には人権に関することがたくさん書かれています。それにもかかわらず「SDGsと人権」というテーマがあまり語られないのはなぜなのか、しかし、多くの人が関心を寄せている、それに応えたい、というのが本書の動機であり、目的でもあります。

「SDGsということばを聞いたことがあるか」という問いに2020年12月の時点で45.6％の人が「はい」と答えていることを紹介しました。しかし、仮に100％に近い人が「聞いたことがある」としても、それぞれの人の日常の「生きること」、つまり日々生活していること、消費していること、働いていることなどと、どこかでつながっていなければ、SDGsが本当に広がっているとは言えません。その「つながっていること」を見通す視点こそが人権です。人権とは人が「生きること」であり、その生きる人を「大切にすること」だからです。

本書の構成と執筆方針

以上のような問題意識のもとに本書は書かれました。「読む人の日常とつながっていること」を重視する視点から、本書の構成と執筆方針は次のようなものになっています。

第一に、読者の日常の場面に沿った構成を考えました。読者は地域社会で生活する一人ひとりの市民であり、消費者です。学校で学ぶ、または教える人の場合もあります。企業で働く人の場合もあります。こうしたイメージに沿った章立てにしています。

第二に、可能なかぎりやさしく平易に表現するように努めました。SDGsということば自体がアルファベット4文字で、最初は何のことかわからない場合もあるかもしれません。他にも専門的な用語を使わざるをえない場合も多いのですが、可能なかぎり文脈をたどれ

ばわかるように努めました。

　第三に、平易に表現するように努めたという意味で難しい理論書ではありませんが、読めばすぐに使えるような、いわゆるノウハウ本ではありません。また、SDGsの各目標やターゲットの解説を意図したものでもありません。むしろ、その入り口でいったん立ち止まり、「SDGsと人権」について、できるかぎりわかりやすく、しかし深く、読者とともに考えることを私たちは目指しています。

　ただ、17目標とともに169ターゲットもぜひ読んでいただきたいと思っています。17目標だけではやはり不十分で、分量は少し多くなりますが、具体的なターゲットまでみておくことで、「日常とつながっている」ことが理解できると思います。169ターゲットは外務省のウェブサイトからPDFでダウンロードできる「2030アジェンダ」に含まれていますが、最近では、外務省仮訳だけでなく、いくつかの日本語訳も書籍やウェブサイト上で読めるようになっています[1]。

　なお、17目標と169ターゲットを含めて「2030アジェンダ」から本文中で引用する場合は、英語原文を参照しながら筆者によって独自の翻訳をしている場合があります。

　巻末には「世界人権宣言」を掲載しています。「世界人権宣言」については第1章で紹介していますが、日本では読まれることが少ないのが現状です。これを機にぜひ読んでいただきたいと思っています。

　最後に「SDGs」ということばの日本語訳について触れておきます。SDGsはSustainable Development Goalsの頭文字からきていますが、このDevelopmentについて、本書では、文脈によって「開

★1　公益財団法人日本ユニセフ協会は、ウェブサイト「SDGs CLUB」で17目標・169ターゲットの日本語訳を掲載しています。
　　https://www.unicef.or.jp/kodomo/sdgs/17goals/

発」と訳しているところと「発展」と訳しているところがあります。SDGsは「持続可能な開発目標」と訳される場合が多いようですが、文脈によっては「発展」のほうが理解しやすい場合もあります。

　この点、「開発」というと、特定の地域のインフラを整備するといった限られたイメージを思い起こす場合が多いとか、外からの力で「開発する」という他動詞的なニュアンスよりもみずから「発展する」という自動詞的なニュアンスのほうがもともとの趣旨に合致している、といったさまざまな議論があります。

　本文中で触れているように「権利」や「説明責任」も同様ですが（「説明責任」については30ページの注を参照してください）、ことばの受け止め方は人によってさまざまであることから、もともと英語で書かれたものを日本語に翻訳するのは難しい面があります。どのような訳語がふさわしいかはケースバイケースなので、可能な範囲で一度元の言語に戻って考え、自分なりに理解してみることも大切です。

第1章

SDGsと人権

　地域社会、学校、企業など、日常のさまざまな場面から「SDGsと人権」を考える前に、最初のこの章では、「SDGsと人権」ということ自体をどう捉えればいいのかを考えます。

　「SDGsの本質は人権尊重だ」とか「SDGsの基礎には人権がある」と言われることがありますが、「SDGsと人権」を考えるためには「人権」についての共通理解が必要です。そこで、まず人間の長い歴史をふり返りながら、1948年の世界人権宣言に至る、人を大切にしようとしてきた考え方の流れをみていきます。

　そして、SDGsと、SDGsが含まれる「我々の世界を変革する：持続可能な開発のための2030アジェンダ」（以下「2030アジェンダ」）の概要をみたあと、そのなかで「人権」がどのように語られているかを紹介しながら、「SDGsの本質は人権尊重だ」「SDGsの基礎には人権がある」と言われることの意味を深く理解していきます。

　最後に、人権について共通理解があるとは必ずしも言えない日本の現実のなかで「SDGsと人権」を理解するために、人権は人間がつくり出した基準であり、ある種のルールであると捉えることと、人権は世の中にあるさまざまな問題を捉え、その解決に向けて考え、自分や他者の人権を守るためのアプローチのしかたであることを理解します。

Q1

そもそも人権をどう理解すればよいですか？

人権って何？

この本のテーマは「SDGsと人権」ですが、そもそもSDGsで「人権」そのものをどう理解すればいいのか、ということから入っていきましょう。

SDGsには貧困、飢餓、保健、教育、ジェンダー、労働、水、生産と消費、エネルギー、気候変動など、とても幅広い分野に関わる重要な課題が含まれています（SDGsをまだよく知らない方は、まずQ2「SDGsとはどのようなものですか？」、Q3「『2030アジェンダ』とはどのようなものですか？」から読んでみてください）。

少し考えてみれば、これらの分野はすべて、人が食べる、学ぶ、働くなど、つまり「人が生きる」ことと直接、間接に関係していることは誰もが納得できると思います。このことだけで、SDGsは人権と関係があるんだと思う人もいるかもしれません。

しかし、そうすぐには結びつかない人も多いのではないでしょうか。そこで、もう少し人権そのものについて、最初に理解を深めておきましょう。人によって人権のイメージや理解のしかたはさまざまで、しかし「SDGsと人権」を考えるためには、一定の共通理解がやはり必要だからです。

「人権」はさまざまな場面で日々語られています。最近の例では、2020年からのコロナ禍のなかで、感染した人や医療従事者などに心ないことばが浴びせられ、地域社会から排除されるような事態が人権侵害であり「コロナ差別」でもあると語られてきました。

毎年発表される「ジェンダーギャップ指数」では、日本の低水準がいつも取り上げられます。2021年では156カ国中120位でした。政治、経済、社会のさまざまな場面で、なお女性差別が解消されておらず、人権がないがしろにされています。オリンピック・パラリンピックの準備段階でも女性差別発言がありました。

　米国であらためて大きく取り上げられ、日本も無関係ではない人種差別の問題も、人権の問題です。また、国と国との関係のなかで、「人権問題」に関して非難の応酬があったりもします。

　そもそも「基本的人権の尊重」は日本国憲法の大原則の一つです。自治体や国の広報などでは「人権啓発」の記事を見かけることもあります。そこでは「人権を尊重しましょう」「差別をなくしましょう」と繰り返し呼びかけられています。

　こうして、「人権」に関連して、日々さまざまなことが語られています。しかし、その語られ方はさまざまです。

　自治体や国の意識調査から考えてみましょう。

　東京都が2020年12月に実施した「人権に関する都民の意識調査」では、「あなたは、今の日本は、人権が尊重されている社会だと思いますか」という問いに、11.0％の人が「そう思う」、55.3％の人が「どちらかといえばそう思う」と回答しています。

　このとき、回答者の「人権」のイメージはどのようなものなのでしょうか。それらはある程度共通性のあるものなのでしょうか、それとも人によってバラバラなイメージなのでしょうか。

　内閣府が2017年10月に実施した「人権擁護に関する世論調査」では、「日本における人権課題について、あなたの関心があるものはどれですか」という問いに、51.1％の人が「障害者」、43.2％の人が「インターネットによる人権侵害」、36.7％の人が「高齢者」と回答し、「子ども」「女性」……と続いています。

　一方、「あなたは、今までに、ご自分の人権が侵害されたと思っ

たことがありますか」で「ある」と回答した人に「どのような場合か」を尋ねた問いでは、51.6％の人が「あらぬ噂、他人からの悪口、かげ口」、26.2％の人が「職場での嫌がらせ」、21.1％の人が「名誉・信用のき損、侮辱」と回答し、「学校でのいじめ」「プライバシーの侵害」……と続いています。

　問いの立て方や選択肢の設定自体の問題もあるかもしれませんが、人々の「関心」と実体験の間にはかなりの開きがあり、「人権」のイメージが一様でないことがみて取れます。

　こうして、少し立ち止まって人権のさまざまな語られ方を振り返ってみると、そもそも「人権って何？」といった疑問がわいてきます。やはり共通理解が必要です。

　では「SDGsと人権」を考えるにあたって「人権」をどのように理解すればいいのか、この章を通して考えていきましょう。

人間の歴史を想像してみる

　いったん時間軸を長くとって考えてみましょう。人類が地球上に誕生してからこれまでの人の累計、つまり生きてきた人の総数はおよそ1,080億人だったという説があります。どんな人たちがどのように生きてきたか、長い時間軸のなかで想像をめぐらせてみましょう。

　ごく最近まで、人の寿命はいまよりもっと短かったでしょう。そのなかでも、短かった命もあれば、長く生きていた人もいたはずです。

　言語を獲得したのはかなり最近のことで、しかし始めの頃から、一人ひとりがそれぞれに喜怒哀楽を持ちながら日常を送っていたはずです。

　そして、そうした長い歴史のなかで生きる人間の姿、またその集団や社会のあり方は、それほどよいものではなかったことも、想像

にかたくありません。

　人の体力や能力には個人差がありますし、集団や国家になっても力の差は出てきます。それにより、強いものが弱いものを支配する弱肉強食の世界、絶えることのない争いや戦争、人の上と下に人をつくる身分制、そして奴隷制、……世界のどの地域でも、こうした人間の歴史の負の側面があったに違いありません。もちろん日本でもです。そして、そうした現実はいまも続いています。

　こう考えていくと、人間の歴史には常に悲惨な面がつきまとってきたといえます。人は大切にされてこなかったのです。

　しかし、おかしなこと、理不尽で不合理なことには、それにあらがい、何とか変えていこうとする人たちも当然現れてきます。

自由権、参政権、社会権

　長い時間軸のなかでは比較的最近のことですが、近代になって、もう少し人を大切にしよう、人はそれぞれ自由であり、一人ひとりがかけがえのない大切な存在のはずだ、という考え方が芽生えてきます。

　18世紀頃のヨーロッパでは、王政のなかで制限されてきた宗教や経済活動は、本来、人それぞれに自由なものであり、その自由は分け隔てなくあらゆる人に平等に認められるべきだ、という考え方が生まれてきます。それらがアメリカの独立宣言やフランスの「人と市民の権利の宣言」（フランス人権宣言）となったことはよく知られています。人権の重要な要素である「**自由権**」は、こうしてかたちづくられていきました。

　ただ、「もう少し」と書いたのは、当時、あらゆる人は自由で平等だとされた、その「人」には、女性や性的マイノリティ、子ども、異なる宗教の人々、異なる人種の人々、もともとその地で生活していた先住民族や植民地の人々などは含まれていませんでした。それ

らの人々は始めから排除されていたのであり、自由と平等は限定された「自由」であり「平等」であったことにも注意を要します。

その後、こうした自由と平等の考え方のもと、絶対君主のような絶大な力をもった一部の人ではなく、みんな（上記のように限定されてはいましたが）で国をつくっていくための民主主義の考え方、そして選挙という制度を通じて政治に参加するための「**参政権**」という考え方も生まれてきました。

一方、こうした時期は、経済的な面からみれば、資本主義が発展していった時期でもありました。資本主義の発展は、自由になった経済活動の結果として生産力を高めていった反面、社会に貧富の差を生み出していきました。あるいは、富める国と貧しい国の格差を広げてもいきました。自由と平等ではなく、不自由と不平等が拡大していったのです。

もともと排除されていた人々が、資本主義の波にのまれていくなかでさらに厳しい状況になり、社会のなかに富と貧困の格差が広がっていったことも、想像にかたくありません。それは、現在に至るまで続いている状況です。

これもやはりおかしい、もっと人を大切にしてなんとかしないといけない、ということで生まれてきたのが「**社会権**」という考え方です。不自由と不平等の現実を前に、生きていくのに最低限必要な衣食住、そして働くことや健康、教育なども含め、それらを十分に得ることを国こそが保障していくべきだとするのが「社会権」の考え方です。

こうして、自由権、参政権、社会権と、歴史の大きな流れのなかで、人を大切にしようという考え方がかたちづくられてきました。その流れは、第二次世界大戦後、次節でみる世界人権宣言として結実していくことになります。

こうした流れは、何人かの高名な思想家が勝手に考えたわけでは

ありません。その時代の日常を生きた一人ひとりの人間の、苦しみや希望、「おかしなこと」にあらがおうとしてきた現実があったことに、再び想像力を働かせておきましょう。

原点としての世界人権宣言

第二次世界大戦（1939 ～ 1945年）の少し前から始まったナチス・ドイツによるホロコーストで、広く知られているように多くのユダヤ人、加えて、障害をもつ人々や性的マイノリティの人々も迫害され、虐殺もされました。

二度にわたる世界大戦での大量殺戮に加え、このホロコーストは、これまでみてきたような人間の歴史につきまとう悲惨な面、人間の負の側面が際立ったものでした。

第二次世界大戦後の1948年、新たに設立された国際連合の第3回総会で採択されたのが「**世界人権宣言**」でした。当時の56の国連加盟国のうち46の国が賛成し、棄権と欠席はありましたが、反対はありませんでした。

その前文は次のようなくだりから始まっています。

人類社会のすべての構成員の固有の**尊厳**と平等で譲ることのできない**権利**とを承認することは、世界における自由、正義及び平和の基礎であるので、

人権の無視及び軽侮が、人類の良心を踏みにじった**野蛮行為**をもたらし、言論及び信仰の自由が受けられ、恐怖及び欠乏のない世界の到来が、一般の人々の最高の願望として宣言されたので、

……よって、ここに、国際連合総会は、

……すべての人民とすべての国とが達成すべき共通の基準として、この世界人権宣言を公布する。　　　　（太字は筆者）

この「野蛮行為」はホロコーストのことであり、第二次世界大戦のことでもあります。その生々しい記憶が冷めやらぬなかで、深い反省のもとに世界人権宣言が採択されたのです。「人権の無視及び軽侮」と書かれていることも、記憶にとどめておきましょう。

　また、一般に「前文」と言われる部分には非常に重要なことが書かれていることも、ここで少し意識しておきましょう。後に詳しくみるSDGsでも同じようなことが言えるからです。

　冒頭に出てくる人間の「**尊厳**（dignity）」もとても重要です。世界人権宣言の第1条は「すべての人間は、生れながらにして自由であり、かつ、尊厳と権利とについて平等である」から始まっています。では、なぜ「生まれながらにして」なのか、その根拠がすべての人が持っている「尊厳」なのです。この「尊厳」は人権の源泉とも言えるもので、世界人権宣言に法的な拘束力を持たせた条約である国際人権規約も、その前文で「この規約の締約国は、……これらの権利が人間の固有の尊厳に由来することを認め、……次のとおり協定する」としています。

　第1条から第31条までの世界人権宣言には、これまでみてきたような自由・平等、参政権、社会権など、さまざまな「権利」や「自由」が、誰一人例外なくすべての人に本来備わっているものとして書かれています。長い人類の歴史、1,080億人が生きてきた末にたどり着いた到達点であり、同時に、世界の現実のなかで実際にはなお実現できていないものとして、今後を考える原点でもあります。

　後にみるように「2030アジェンダ」でもこの世界人権宣言が数多く言及されています。この本を読み進む前に、巻末の世界人権宣言を、その前文とともに、ぜひ読んでいただきたいと思います。

　なお、世界人権宣言は、英語ではUniversal Declaration of Human Rightsであり、「人の権利の普遍的宣言」ということになります。一人の例外もなくすべての人間に備わっているいろいろな権

利を「普遍的」に認めることを世界に向けて宣言したのです。

　「普遍的」とは、空間的、時間的そして理念的に制約されないことを言います。国が変わっても、時代が変わっても、そして政治体制、文化や宗教が変わっても、常に変わることはないという意味を持ちます。政治体制や文化の違いはあっても、どの国でも「普遍的」に認められるべきもの、という含意があることも知っておきましょう。

人権を守る仕組み

　世界人権宣言が採択されたあと、その内容を実現していく仕組みが徐々にかたちづくられていきます。

　1966年には、それぞれの国が世界人権宣言の内容に法的な義務を負う条約として、「**経済的、社会的及び文化的権利に関する国際規約**」（社会権規約）と「**市民的及び政治的権利に関する国際規約**」（**自由権規約**）が国連で採択されました。この2つの国際規約を「国際人権規約」といい、世界人権宣言とこの国際人権規約をあわせて「**国際人権章典**」という場合もあります。

　さらにその後、人種差別撤廃条約、女性差別撤廃条約、拷問等禁止条約、子どもの権利条約、移住労働者権利条約、障害者権利条約、強制失踪条約など、人権に関わる具体的な課題に関する条約が整備されていきます。これらの条約と、世界人権宣言、2つの国際人権規約とを合わせて「**国際人権基準**」という場合もあります。

　条約を守って履行するのは加盟している国の義務ですから、その義務を果たしているかを確認する仕組みも必要です。そこで国連では、上記の9つの主要な条約（「**中核的人権条約**」）について「条約機関」としての「委員会」を設置し、加盟国政府が提出する報告書を審査して意見や勧告を出すなどの仕組みを作っています。

人権は人間がつくり出したもの

　人類の歴史から始めて、自由権、参政権、社会権、そして世界人権宣言やさまざまな人権条約への流れを簡単にみてきました。

　「SDGsと人権」を考えていくにあたり、こうした流れでかたちづくられてきた「人権」の考え方を、まず共通理解しておきましょう。その考え方は、日本を含めて国際的にも合意されてきたものです。

　この章の最後で再び人権について考えますが、ここでは、人権は人間が考え、つくり出したものであるということを強調しておきたいと思います。つまり、人権は人間が合意してつくり出してきた基準であり、ある種のルールであると言えます。

　SDGsも国連で合意されたルールだと言えますが、同じように人権も、人が大切にされてこなかった人間の歴史のなかで、理不尽で不合理な現実にあらがい、そして考え、このままではいけない、なんとかしなければいけないとつくり出されてきたルールなのです。

　ルールは、守るためにあります。守られなければ、守らせる必要があります。つまり、ルールがないがしろにされ、人権が侵害されてしまうようなことがあれば、侵害された側は当然その「おかしさ」を主張することができます。国連や各国の制度のなかでも守らせるための仕組みがかたちづくられてきました。

　人権が侵害される理不尽で不合理な現実がいまなおなくならず、どんどん再生産されているような状況のなかで、「人権は絵に描いた餅、単なる理想論であり、現実はそんなものではない」と思考停止に陥る前に、人権は人間がつくり出した基準でありルールであると捉えることによって、ルールとしての人権を使いこなす可能性も開けていくでしょう。

Q1 Point

◉「人権」がさまざまに語られるなかで、人権についての共通理解は
「SDGs と人権」を考えるうえでもとても大切です。

◉人類が生きてきた長い歴史は、人が大切にされず、その意味で悲惨
な面、負の側面が常につきまとってきましたが、同時に、そうし
た理不尽で不合理な現実をなんとか変えようとする歴史でもあり
ました。それは、自由・平等、参政権、社会権の考え方として具
体化されてきました。

◉1948 年に国連で採択された世界人権宣言は、そうした考え方の
到達点であり、自由・平等、参政権、社会権などが、誰一人例外
なくすべての人に備わっているものとして書かれています。それ
は、今後を考える原点でもあります。

Q2

SDGsとはどのようなものですか？

SDGsとサステナビリティ

この本のテーマである「**SDGs**」（**持続可能な開発目標**：Sustainable Development Goals）は、2015年に国連持続可能な開発サミット（国連総会）で採択された「2030アジェンダ」に、その主要な部分として含まれています。

SDGsは、貧困、飢餓、保健、教育、ジェンダー、労働、水、生産と消費、エネルギー、気候変動など、いま世界全体が直面している課題について、2030年までに達成するとされた17の目標と、そのもとに設定された169の具体的なターゲットからなっています。

たとえば、「あらゆる場所で、あらゆる形態の貧困を終わらせる」とする目標１の１つ目のターゲットは、「2030年までに、現在１日1.25ドル未満で生活する人々と定義されている極度の貧困をあらゆる場所で終わらせる」です（「1.25ドル未満」という「国際貧困ライン」の定義はSDGs採択後の2015年10月に「1.9ドル未満」に改定されています）。目標１にはこうした具体的なターゲットが７つ含まれています。

「2030アジェンダ」には「我々の世界を変革する」という枕<ruby>詞<rt>まくらことば</rt></ruby>がついています。この「変革」は単なるchangeではなく、根本的・構造的に世界を変えていかないといけないという、もっと強い意味をもつtransformが使われています。

このtransformは、このままではもう世界は存続することができない、根本的に変わらないと、次の世代にこの地球と社会を引き継げない、という極めて強い危機感が背景にあります。そのことは、

身近に迫ってきている気候変動（気候危機）を思い起こしてみても、容易に実感できるでしょう。

　この危機の認識が書かれた「2030アジェンダ」のパラグラフ14を最初に読んでおきましょう。気候変動だけではなく、貧困、不平等、ジェンダー、失業や紛争から天然資源、砂漠化や生物多様性に至るまで、社会と環境をめぐるさまざまな問題を、「我々」つまりこの文書を採択したすべての国が認識していることが示されています。

　　我々は、持続可能な開発に対する大きな課題に直面している。依然として数十億人の人々が貧困のうちに生活し、尊厳のある生活を送れずにいる。国内的、国際的な不平等は増加している。機会、富及び権力の不均衡は甚だしい。ジェンダー平等は依然として鍵となる課題である。失業、とりわけ若年層の失業は主たる懸念である。地球規模の健康の脅威、より頻繁かつ甚大な自然災害、悪化する紛争、暴力的過激主義、テロリズムと関連する人道危機及び人々の強制的な移動は、過去数十年の開発の進展の多くを後戻りさせる恐れがある。天然資源の減少並びに、砂漠化、干ばつ、土壌悪化、淡水の欠乏及び生物多様性の喪失を含む環境の悪化による影響は、人類が直面する課題を増加し、悪化させる。我々の時代において、気候変動は最大の課題の一つであり、すべての国の持続可能な開発を達成するための能力に悪影響を及ぼす。世界的な気温の上昇、海面上昇、海洋の酸性化及びその他の気候変動の結果は、多くの後発開発途上国、小島嶼開発途上国を含む沿岸地帯及び低地帯の国々に深刻な影響を与えている。多くの国の存続と地球の生物維持システムが存続の危機に瀕している。

「持続可能性」（サステナビリティ）という語は、この「存続の危

機に瀕している」、だから「存続できるようにしなければならない」ということを端的に言い表しています。

　今日さまざまな分野でよく使われている「持続可能性」の概念は、1980年代に使われ出し、1987年に国連の「環境と開発に関する世界委員会（WCED）」が出した最終報告書「**我ら共通の未来**（Our Common Future）」で「持続可能な発展」が明確に定義づけられて広まったと言われています。この報告書は、委員長であったノルウェーの首相の名前から「ブルントラント報告書」とも言われます。すでに前世紀のこの頃から、存続の危機が認識されていたということを意識しておきましょう。

　「持続可能な発展」はそこでは「将来の世代が自らのニーズを充足する能力を損なうことなく、現在の世代のニーズを充足するような発展」と定義されています。現在を生きている人々のなかでの世代間の公平の問題もよく議論されますが、将来に新しく生まれてくる人々との公平も視野に入れているという点で、この定義は大きな意味を持っています。

　加えて、この定義の部分のすぐ後では、「持続可能な発展」には、「何よりも優先されるべき世界の貧しい人々にとって不可欠なニーズ」という概念と、「現在と将来の世代のニーズを充足できるだけの環境の能力の限界」という概念の2つが含まれている、と説明されています。「誰一人取り残さない」にもつながる考え方が、すでにこの頃から含まれていたということです。

目標とターゲット

　SDGsのカラフルなロゴマークもよく見かけるようになりました。
　SDGsの17の目標は具体的には次のようなものです。ロゴマークに書かれている短いフレーズだけではなく、この実際の目標の表現をみておくことが大切です。

SDGsのロゴマーク

目標1：あらゆる場所で、あらゆる形態の貧困を終わらせる。

目標2：飢餓を終わらせ、食料安全保障と栄養改善を達成し、持続可能な農業を促進する。

目標3：あらゆる年齢のすべての人の健康的な生活を確保し、福祉を促進する。

目標4：すべての人に包摂的かつ公正な質の高い教育を確保し、生涯学習の機会を促進する。

目標5：ジェンダーの平等を達成し、すべての女性と女の子をエンパワーする。

目標6：すべての人に水と衛生へのアクセスと持続可能な管理を確保する。

目標7：すべての人に、安価で信頼できる持続可能かつ現代的なエネルギーへのアクセスを確保する。

目標8：すべての人のための継続的で包摂的かつ持続可能な経済成長、生産的な完全雇用とディーセント・ワーク

（働きがいのある人間らしい仕事）を促進する。

目標9：強くしなやかなインフラを構築し、包摂的で持続可能な産業化を促進し、イノベーションを推進する。

目標10：国内及び各国間の不平等を是正する。

目標11：都市と人間の居住地を包摂的で安全、強くしなやかで持続可能にする。

目標12：持続可能な消費・生産のパターンを確保する。

目標13：気候変動とその影響を軽減するための緊急対策を取る。

目標14：持続可能な開発のために、海洋と海洋資源を保全し、持続可能な形で利用する。

目標15：陸上の生態系を保護、回復し、持続可能な利用を促進し、持続可能な形で森林を管理し、砂漠化に対処し、土地の劣化を阻止して回復し、生物多様性の損失を阻止する。

目標16：持続可能な開発のための平和で包摂的な社会を促進し、すべての人に司法へのアクセスを提供し、あらゆるレベルにおいて効果的で説明責任のある[★2]包摂的な制度を構築する。

目標17：実施手段を強化し、持続可能な開発のためのグローバル・パートナーシップを活性化する。

★2 「説明責任のある」は原文では accountable です。この名詞形である accountability は「説明責任」と翻訳されることが多く、本書でもあえてその訳に従っています。ただ、本来 accountability には、①みずからの行為について説明する責任と、②その責任を的確に果たさず、説明すべき相手から承認されなかった場合の制裁の可能性、という2つの要素が含まれています。一般に日本語として「説明責任」が使われる場合、②の「制裁」の要素が抜け落ちてしまう結果、①の要素だけの単なる「説明する責任」と理解され、あいまいで無責任な「責任」になってしまう場合が多いことに注意を要します。

このなかには少し難しいことばも出てきています。「包摂的」は「インクルーシブ（inclusive）」の訳で、少し難しいですがとても重要なことばです。反対語は「エクスクルーシブ（exclusive）」で、「排他的」「排除的」といった意味です。インクルーシブやその名詞形であるインクルージョンは、多様な人々を誰一人排除せずに、共に生きられる社会にしていくという趣旨で、さまざまな分野で広く使われています。

　目標を定めたら、達成までの進捗を評価することも必要になってきます。このため、国連では進捗を測るための230あまりの指標（**SDGグローバル指標**）が定められました。国連からは毎年、「持続可能な開発目標報告書」（Sustainable Development Goals Report）が公表されており、その一部の日本語訳は国連広報センターのウェブサイトからみることができます。

　国連ではなく民間ベースでも進捗評価の試みがなされています。その代表的なものとして、ベルテルスマン財団（ドイツ）と持続可能な開発ソリューションネットワーク（SDSN）による「持続可能な開発報告書」（Sustainable Development Report）があります。そこでは国ごとの達成順位が毎年発表されており、2021年6月の報告書では、第1位のフィンランドに続き、スウェーデン、デンマーク、ドイツ、ベルギーと続いており、日本は第18位となっています。

　もう少し詳しくみていくと、日本は目標5のジェンダー平等、目標13の気候変動、目標14・15の海と陸の生物多様性、目標17のパートナーシップなどが、低い評価となっています。

　歴史的な経緯や文化、財政状況などは国によってさまざまであり、こうした「ランキング」にとらわれすぎるのも問題があるかもしれません。しかし、状況を一定反映していると言えるでしょう。また、2021年の報告書では、新型コロナウイルス感染症の影響により、世界全体の進捗評価が下がっていることも指摘されています。

さらに、日本が低い評価となっているジェンダー平等に関しては、世界経済フォーラムが毎年公表している「ジェンダーギャップ指数」も聞かれたことがあるかもしれません。2021年３月に発表された「ジェンダーギャップ指数2021」では、日本は156カ国中120位となっており、前年の121位に続いて極めて低い評価であること、「経済」「政治」「教育」「健康」の４つの分野のうち、とくに「政治」と「経済」の分野での評価が際立って低いことも知っておきましょう。

Q2 Point

- SDGs（持続可能な開発目標）は、2015年に国連持続可能な開発サミット（国連総会）で採択された「2030アジェンダ」に、主要な部分として含まれています。
- SDGsは、貧困、飢餓、保健、教育、ジェンダー、労働、水、生産と消費、エネルギー、気候変動など、世界が直面する課題に関する17の目標と169のターゲットからなっています。
- 「持続可能な発展」は、1980年代から使われはじめ、1987年の「我ら共通の未来（Our Common Future）」で明確に定義づけられて広まった概念で、「将来の世代が自らの必要を充足する能力を損なうことなく、現在の世代の必要を充足するような発展」と定義されます。

コラム 日本政府の「SDGs実施指針」

　日本政府がSDGsの取り組みを進める際の枠組みを定めたものとして「SDGs実施指針」があります。2016年5月に内閣府に設置された「持続可能な開発目標（SDGs）推進本部」で定められたものです。またその際、政府の具体的な個別施策ごとに指標と関係省庁が詳細に明記された「持続可能な開発目標（SDGs）を達成するための具体的施策」も「付表」として公表されました。

　2019年12月には「SDGs実施指針改定版」が出され、3年間の取り組みの分析と現状評価、今後の取り組みの考え方が示されました。

　この改定版では、「普遍性」「包摂性」「参画型」「統合性」「透明性と説明責任」という「2030アジェンダ」の基本理念に沿った「実施のための主要原則」とともに、次のような8つの「優先課題」が示されています。

①あらゆる人々が活躍する社会・ジェンダー平等の推進
②健康・長寿の達成
③成長市場の創出、地域活性化、科学技術イノベーション
④持続可能で強靱な国土と質の高いインフラの整備
⑤省・再生可能エネルギー、防災・気候変動対策、循環型社会
⑥生物多様性、森林、海洋等の環境の保全
⑦平和と安全・安心社会の実現
⑧SDGs実施推進の体制と手段

　なお、「SDGs推進本部」のもとには、「行政、NGO、NPO、有識者、民間セクター、国際機関、各種団体等の関係者が集まり、意見交換を行う」ための会議体として「SDGs推進円卓会議」も設置され、並行して議論がなされています。

Q3

「2030アジェンダ」とは
どのようなものですか？

「2030アジェンダ」への２つの流れ

　SDGsは2015年に国連で採択された「2030アジェンダ」に、その主要な部分として含まれていると説明してきました。

　ここではその「2030アジェンダ」について、もう少し詳しくみておきましょう。SDGsの目標、ターゲットや評価指標も重要ですが、この「2030アジェンダ」全体を理解することはそれにもまして重要です。

　まず「2030アジェンダ」に至る２つの大きな歴史的な流れを理解しておきましょう。

　一つは、貧困、飢餓、教育やジェンダーといった問題を解決しようとした**MDGs（ミレニアム開発目標）**です。

　MDGsは2000年に国連で採択され、「極度の貧困と飢餓の根絶」「初等教育の完全普及の達成」「ジェンダー平等の推進と女性の地位の向上」「乳幼児死亡率の削減」「妊産婦の健康の改善」「HIV／エイズ、マラリア、その他の疾病の蔓延防止」「環境の持続可能性の確保」「開発のためのグローバルなパートナーシップの推進」の８つの目標を内容とするものでした。地域差はありながら達成された目標もありましたが、さらに取り組まないといけないということで、SDGsにつながっていきました。

　もう一つは、地球環境をなんとかしようという流れです。1992年にはブラジルのリオデジャネイロで**環境と開発に関する国連会議**（地球サミット）が開かれ、「**環境と開発に関するリオ宣言**」という

文書が採択されました。そして、2002年の持続可能な開発に関する世界首脳会議（ヨハネスブルグ・サミット）を経て、2012年には**国連持続可能な開発会議**（地球サミットから20年ということで「リオ＋20」と言われます）が開催されました。この「リオ＋20」のなかでコロンビアとグアテマラによってSDGsの策定が提案されたことが、その後のSDGs策定の動きにつながっていきます。

こうして、貧困、飢餓、教育やジェンダーといった社会的な側面をなんとかしようという流れと、地球サミットからリオ＋20に至る地球環境をなんとかしようという流れが、いわば合流してSDGsにつながっていったと理解しておきましょう。

なお、27の原則からなる「環境と開発に関するリオ宣言」では、「人間は持続可能な開発への関心の中心にある」と冒頭の原則1で述べられているほか、貧困の根絶（原則5）、意思決定への市民参加（原則10）、女性の参加（原則20）、先住民族の参加（原則22）への言及が含まれています。

先ほど「我ら共通の未来」を紹介した部分でも少し触れましたが、地球環境の問題と社会的な問題、そして人権は、相互に関連し合っていることがここでもわかります。環境と人権の相互関連性は、現在でも、たとえば気候変動が人権に及ぼす影響を考える際に重要な視点です。

「2030アジェンダ」の全体像

外務省仮訳の日本語で37ページになる「2030アジェンダ」の全体の構成は次ページの表のようになっています。SDGsの17目標と169ターゲットが書かれた部分はおよそ13ページで、全体の3分の1ぐらいです。

「前文」と「宣言」には、SDGsの各目標とターゲットの前提となり、それぞれを目指していくときに踏まえておくべき重要な基本理

「2030アジェンダ」の構成

前文	「5つのP」など「2030アジェンダ」全体の基礎となる基本的な考え方を記述。
宣言	宣言部分の基本的な考え方をさらに詳細に展開。人権に関する記述も多い。
SDGsとターゲット	17のゴールと169のターゲットを記述。「人権」ということばは1か所のみ。
実施手段とグローバル・パートナーシップ	ゴール17をさらに展開し、SDGsの実施段階での課題を具体的に記述。
フォローアップとレビュー	ゴール17をさらに展開し、進捗評価と見直しについて具体的に記述。

念が書かれています。

先にも触れたように、こうした文書の前文（その呼び名はさまざまです）には、全体に関わる非常に重要なことが書かれている場合が多くあります。にもかかわらず、前文は忘れ去られる場合が少なくありません。

この本の「はじめに」で「カラフルなロゴマークの独り歩き」と書いたのは、この「忘れ去られる」ことです。SDGsを本当に理解するには、「前文」と「宣言」を忘れることなく、その内容をよく理解しておくことです。そして、この本のテーマである人権に関しても、「前文」と「宣言」に非常に重要なことが書かれています。

「2030アジェンダ」の基本理念

「2030アジェンダ」の基本的な考え方は、前文の冒頭に端的に示されています。少し長くなりますが、目を通しておきましょう。

　　このアジェンダは、人間、地球及び繁栄のための行動計画である。これはまた、より大きな自由における普遍的な平和の強化を追求するものでもある。我々は、極端な貧困を含む、あらゆる形態と側面の**貧困をなくす**ことが最大の地球規模の課題であり、持続可能な開発のための不可欠な必要条件であると認識する。

すべての国及びすべてのステークホルダーは、**協働的なパートナーシップ**の下、この計画を実行する。我々は、人類を貧困の恐怖及び欠乏の専制から解き放ち、地球を癒やし安全にすることを決意している。我々は、世界を持続的かつ強靱（レジリエント）な道筋に移行させるために緊急に必要な、大胆かつ変革的な手段をとることに決意している。我々はこの共同の旅路に乗り出すにあたり、**誰一人取り残さない**ことを誓う。

　今日我々が発表する17の持続可能な開発のための目標（SDGs）と、169のターゲットは、この新しく普遍的なアジェンダの規模と野心を示している。これらの目標とターゲットは、ミレニアム開発目標（MDGs）を基にして、ミレニアム開発目標が達成できなかったものを全うすることを目指すものである。これらは、**すべての人々の人権を実現**し、**ジェンダー平等**とすべての女性と女の子の能力強化を達成することを目指す。これらの目標及びターゲットは、**統合され不可分**のものであり、持続可能な開発の三側面、すなわち**経済**、**社会及び環境の三側面**を調和させるものである。

　これらの目標及びターゲットは、人類及び地球にとり極めて重要な分野で、向こう15年間にわたり、行動を促進するものとなろう。

　多様な人々を誰一人排除せず、共に生きられる社会にしていく「包摂性」の考え方が、よく語られる「誰一人取り残さない」として、この冒頭に出てきています。

　「前文」に続く「宣言」の部分では、SDGsの17目標と169ターゲットが「すべての国、人々、そして社会のあらゆる要素において実現することを願う。私たちは、最も遠くに取り残されている人々にこそ、第一に手が届くよう、最大限の努力を行う」と、さらに踏み込

んで書かれています。

　また、目標とターゲットは相互に関連した不可分のもので、課題に取り組む際には経済、社会、環境の３つの側面をバランスよく調和させるべきことも、この冒頭に書かれています。これを「統合性」の基本理念といいますが、「はじめに」での、ともすれば「経済」偏重になってはいないかとの疑問も、この部分に関連しています。

　この「包摂性」「統合性」とともに、「普遍性」（発展途上国だけでなく世界全体の課題であること）、「参画型」（すべての国のすべての人々が当事者として参加するものであること）、「透明性と説明責任」（取り組みを進める際の透明性と説明責任が重視されるべきこと）の５つが「2030アジェンダ」の「基本理念」としてよく言及されます。

　この冒頭の部分に続けて前文では、「2030アジェンダ」全体をキーワードで示す「５つのP」と言われる部分が続きます。そこでは「**人間**」「**地球**」「**繁栄**」「**平和**」「**パートナーシップ**」という５つの視点が示されています。その概要をみておきましょう。

　実は、「2030アジェンダ」の策定段階では、この５項目は、「人間（People）」「尊厳（Dignity）」「地球（Planet）」「繁栄（Prosperity）」「公

「2030アジェンダ」の５つのP

人間 People	貧困と飢餓をなくし、すべての人間が尊厳と平等、健康のもとに潜在能力を発揮できるようにする。
地球 Planet	持続可能な消費、生産、資源の管理と、気候変動に関して緊急の行動を行い、現在と将来の世代のニーズを支えられるように地球を破壊から守る。
繁栄 Prosperity	すべての人間が豊かで満たされた生活を送ることができ、経済、社会、技術の進歩が自然と調和されるようにする。
平和 Peace	恐怖と暴力をなくし、平和で公正で包摂的な社会を作っていく。
パートナーシップ Partnership	最も貧しくて脆弱な人々のニーズに焦点をあてながら、すべての国と人々の参加を得てこのアジェンダを実施していく。

正（Justice）」「パートナーシップ（Partnership）」の 6 項目であったことが知られています。

議論の末に「5つのP」に集約されていったわけですが、このなかの「尊厳」には「貧困を終わらせ　る（end poverty）」　と「不平等とたたかう（fight inequality）」というキーワー

「5つのP」ロゴマーク（国連広報局の資料から）

ドが含まれていました。最終的には「人間（People）」に集約されていきましたが、もともとは独立して重視されていたということも知っておいてよいでしょう。

Q3 Point

●「2030 アジェンダ」は、MDGs（ミレニアム開発目標）の流れと国連持続可能な開発会議（リオ＋ 20）に至る流れの 2 つが合流して形成されました。
●「2030 アジェンダ」は 5 つの部分から構成されており、とくに基本理念を示す「前文」と「宣言」は、SDGs を含む全体の理解のために非常に重要です。
●前文では「人間」「地球」「繁栄」「平和」「パートナーシップ」という「5 つの P」で「2030 アジェンダ」のキーワードが示されています。

コラム 「誰一人取り残さない」はどこから？

　本文で触れたように、SDGsの基本理念に「誰一人取り残さない」と表現されているものがあります。英語では「Leave No One Behind」というので、このフレーズの頭文字をとって「ＬＮＯＢ（エルエヌオービー）」原則などとも言われます。

　この「LNOB」とは、SDGsを理解し、これを実践するとき、人権原則である平等・非差別を中心に据えるということを意味します。具体的には、人種、皮膚の色、性別、言語、宗教、政治上その他の意見、国籍もしくは社会的出自、財産、門地、障害その他の状況等に基づく不平等・差別を減らす努力なしには、教育・医療サービス、安全な水等へのアクセスを確保するという、SDGsが掲げる目標を達成できないということです。あるいは働きすぎを防ぎ、さらには暴力のない平和な社会を構築するといった目標も達成できません。その意味で、いずれの目標に関する取り組みにおいても、目標5にあるジェンダー平等、そして、目標10にある所得や政治参加等における不平等を是正するよう、複数の目標について統合的に取り組む必要があるということです。

　日本国内ではあまり紹介されていないようですが、こうしたことは国連システム事務局長調整委員会（事務総長が議長をつとめ、主要機関の代表が構成員となっている、国連システム内で最高の調整機関）が2016年に出した表明にも記されています。そして、この表明を踏まえ、国連では、国際・国内の政策・事業において参照すべき「共通行動枠組み」も作成しています。

　それでは、この「LNOB」は、どのような背景があって、「2030アジェンダ」やそのなかに含まれるSDGsに書き込まれるようになったのでしょうか。これには2つの流れがあると考えられます。

　1つはMDGsとの関係です。34ページでも触れたように、MDGsはその達成を目指してさまざまな努力が行われたものの、未達成の部分を残して終わってしまったこと、つまり、取り残したことが出

てしまいました。そのため、SDGsはそれを達成しようとする目標という位置付けを持っています。

　たとえば、MDGsには、1990年の「万人のための教育世界会議」以来、国際的な合意となっていた初等教育の完全普及を踏まえ、目標2に「普遍的な初等教育を達成する」、ターゲット2.Aに「2015年までに、どこにいる子どもであっても、男女の区別なく、初等教育の全課程を修了できるようにする」という目標が置かれていました。その結果、国連や各国政府の援助機関、そしてNGOが学校建設や教員研修、給食の配布等、さまざまな取り組みを展開し、途上国の初等教育純就学率は1990年の80%から2015年には91%にまで改善しました。

　しかし、達成率は100％ではなく、2015年時点で5,700万人もの子どもたちが小学校に通っていない状況が生まれてしまいました。また、達成率が地域・性別によって大きく異なり、アフリカ・サハラ砂漠以南の国々、そして、多くの女の子が取り残されました。

　SDGsは、こうした背景を踏まえ、あらためて、ターゲット4.1において、2030年までに、男女の区別なく、すべての子どもたちによる質の高い初等教育・中等教育の修了を目標として書き込んだのです。

　2つ目の流れは「開発」の考え方の変化に関わることです。「開発」という考え方はこれまで何度か重要な変化を経験してきました。

　そのうち、1980年代には、参加型開発ということが唱えられ、今日の「開発」にはその開発の取り組みによって影響を受ける人々による主体的な参加が求められるようになりました。こうした参加型開発を主張した研究者のなかには、たとえば、ロバート・チェンバースというイギリスの研究者がいますが、その著書『Rural Development: Putting the Last First』（邦題は『第三世界の農村開発』）には「最後まで取り残される者を最初に」という意味の副題がつけられています。これは、「2030アジェンダ」や上述した「LNOB」に関する国連文書に頻出する「もっとも取り残される者に最初に届く reach the furthest behind first」という表現を想起させるもので

す。

　また、1990年代後半には、国連改革をきっかけにして、「開発」は「人権」との統合という変化を遂げました。それまで別物であった「開発」と「人権」は、これ以降、お互いに目的であり、かつ、手段であるという関係にあると考えられるようになりました。つまり、「開発」は「人権」の実現を目指すものであり、「人権」の尊重・保護・充足をはかることで「開発」が進むというふうに考えられるようになったのです。

　このように、SDGs（持続可能な開発目標）にいう「開発」は「人権」と切っても切り離せない関係にありますが、「開発」を「人権」と統合して考えるとき、「人権」はそもそもすべての人間が生まれながらにして享受できるものであるため、「開発」という行為も、誰かを排除し、取り残すことができないという性質を備えたものとして考えられるようになりました。その意味では、「誰一人取り残さない」ということばは、偶然に考え出されたスローガンではなく、「開発」の概念的成長のなかでとげられた「人権」との統合が生み出した必然的な産物であるのです。

　研究者のなかには、このような、「開発」と「人権」の統合という背景を正確に踏まえ、SDGsの基本的な特徴の1つとして「非総計的アプローチ」をあげて説明する人もいます。この「非総計的アプローチ」とは、「開発」の意味を、単に平均があがればよいと考えるのではなく、まさに「取り残される」可能性がある人たちや地域を特定し、そこに重点的に投資を行うということにあるとする考え方です。

　そして、このような考え方は、以下の引用にあるように、SDGsの進捗を測る際に用いられる指標の選定においても貫かれています。

　　　進捗の測定を助け、また、確実に誰一人取り残さないようにするために、質が高く、アクセス可能でタイムリー、そして、信頼性ある、非総計的なデータが必要とされる。（「2030アジェンダ」パラグラフ48）

なお、「非総計的」ということばは英語のdisaggregatedの訳ですが、具体的には「所得や性別、年齢、人種、民族、移住上の地位、障害、地理的位置、その他各国内の状況に関連する諸特徴」（「2030アジェンダ」パラグラフ74）ごとに細かく分けて統計を取っていくことを意味するので、「細分化された」という訳語が当てられることもあります。

Q4

SDGs の基礎に人権があるとは どういうことですか？

「2030アジェンダ」のなかの人権

　「SDGsの基礎には人権がある」「SDGsの本質は人権尊重である」と言われることがあります。この本を読まれている方も、出合ったことがあることばかもしれません。そして、そのとき一緒によく語られるのが「誰一人取り残さない」です。

　これがどういう経緯でSDGs、あるいは「2030アジェンダ」全体に組み入れられてきたのかは、40ページのコラムでも紹介しました。

　SDGsの基礎には人権がある、とはどういうことでしょう。わかったようで、実はぼんやりとしている場合も少なくないかもしれません。

　「誰一人取り残さない」ということから、あるいは、先ほど触れたようにSDGsが課題とする分野がすべて「人が生きる」ことと直接・間接に関係していることから、「SDGsの基礎には人権がある」「SDGsの本質は人権尊重である」と理解しておいても、さしあたり十分なのかもしれません。しかし、ここではやはりもう少し突っ込んで理解しておきたいと思います。

　「2030アジェンダ」が「前文」「宣言」「SDGsとターゲット」「実施手段とグローバル・パートナーシップ」「フォローアップとレビュー」から構成されていて、「SDGsとターゲット」の部分だけでなく、全体像をみることが大切であることは、これまで述べてきたとおりです。

　実は「2030アジェンダ」の「前文」では、「SDGsの17目標と169

ターゲットは、すべての人々の人権を実現することをめざす」と端的に書かれているのですが、「宣言」の部分でも7カ所に「人権」ということばが出てきます。最も包括的な内容となっているパラグラフ19をみておきましょう。

> 我々は、世界人権宣言及びその他の人権に関する国際文書並びに国際法の重要性を確認する。我々は、**すべての国が**、国連憲章に則り、人種、皮膚の色、性別、言語、宗教、政治上その他の意見、国籍もしくは社会的出自、財産、出生、障害その他の状況等に区別なく、**すべての人の人権と基本的な自由を尊重、保護及び促進する責任を有する**ことを強調する。

太字の部分に注目してください。日本語訳では少しわかりにくいのですが、「国が……責任を有する」という文脈になっていることに注意しておきましょう。人権と基本的な自由を「尊重、保護及び促進」する責任があるのは、第一義的に国であると、ここでは述べられています。

ところで、この「尊重」「保護」「促進」ということばは、重要な意味を持っています。

Q1でみたように、現代では国家が人権を保障する義務を持っていると考えられるようになってきました。この「宣言」のパラグラフ19では「責任を有する」と表現が弱められてはいますが、基本的な考え方は同じです。

この人権に関わる国家の義務には、人権を「**尊重**」する義務（国家自体が個人の人権侵害をしない）、人権を「**保護**」する義務（国家以外の団体や個人による人権侵害から個人を保護する）、人権を「**充足**」する義務（人権の実現のために立法や行政上あらゆる適切な措置をとる）の3つの側面があるとされます。

そして、人権の「充足」のための「あらゆる適切な措置」には、法的・制度的な基盤整備や人権に関する意識の向上などによって充足を促進する要素と、社会保障や教育施策などによって人権を国家がいわば直接実現する要素が含まれます。

　このパラグラフ19では、人権を「充足」する措置のうち「促進」だけが言及されており、かなり薄められたものとなってはいます。文書をつくっていく国際交渉の結果であると言えますが、いずれにしても、「2030アジェンダ」ではこのように極めて明確に人権が語られています。

　「前文」や「宣言」は、その後の「SDGsとターゲット」の部分の大前提として基本的なことが書かれている部分であり、したがって「SDGsとターゲット」に含まれている17目標と169ターゲットも、人権が基礎になっているわけです。

SDGsのなかの人権

　実は、SDGsの17目標と169ターゲットのなかで「人権」が出てくるのは次のターゲット4.7の1カ所だけです。

　　　2030年までに、持続可能な開発のための教育及び持続可能なライフスタイル、**人権**、男女の平等、平和及び非暴力的文化の推進、グローバル・シチズンシップ、文化多様性と文化の持続可能な開発への貢献の理解の教育を通して、すべての学習者が、持続可能な開発を促進するために必要な知識及び技能を習得できるようにする。

　SDGsの目標4は「すべての人に包摂的かつ公正な質の高い教育を確保し、生涯学習の機会を促進する」というものです。その教育には人権教育が含まれるべきだという至極まっとうなことが書かれ

ています。しかし、17目標と169ターゲットで「人権」が書かれているのはここだけです。

SDGsの策定過程では、政府だけでなくさまざまな当事者も含めた「オープンワーキンググループ」が設置されて議論がなされました（Q10の92ページも参照してください）。SDGsの目標とターゲットのなかで「人権」が1カ所だけなのは、そこでの議論のなかで、個々の目標やターゲットに「人権」を盛り込むのではなく、目標とターゲットの大前提となる原則として、つまり「2030アジェンダ」の「前文」と「宣言」のなかで「人権」を表現しようという議論があったことが背景にあります。

ではその「原則」としての人権を、SDGsのそれぞれの目標とターゲットのなかではどのように考えればいいのでしょうか。

国連人権理事会の2018年3月の決議では、人権の促進・保護と「2030アジェンダ」の実施、したがってSDGsの各目標・ターゲットの実施とは、「相互に関連し補強し合っている」としています。では具体的にどう関連しているのでしょうか。

その点を、次に具体的な例でみていきます。そのことによって、SDGsの基礎に人権がある、ということの理解を深めていきます。

貧困、飢餓、食料、健康をめぐる現実

貧困、飢餓、食料、健康の課題を例に考えてみます。

SDGsの目標1は「あらゆる場所で、あらゆる形態の貧困を終わらせる」です。目標2は「飢餓を終わらせ、食料安全保障と栄養改善を達成し、持続可能な農業を促進する」です。また目標3は「あらゆる年齢のすべての人の健康的な生活を確保し、福祉を促進する」です。

MDGsでも「極度の貧困と飢餓の根絶」は最初に掲げられていましたし、「2030アジェンダ」の冒頭でも、貧困の問題は「最大の地

球規模の課題であり、持続可能な開発のための不可欠な必要条件」であると最大限に強調されていることはすでにみたとおりです。

国連の「持続可能な開発目標報告書2020」によると、極度の貧困層は2019年で世界の人口の8.2％と推計され、2010年の15.7％から徐々に減少しているものの、その減少スピードは鈍っています。そして、新型コロナウイルス感染症の影響で増加に転じると懸念もされています。

貧困の問題は途上国だけではなく、日本国内の「相対的貧困」の問題でもあります。子どもの７人に１人が貧困状態にあることはよく知られています（2019年「国民生活基礎調査」）。そして、2020年からのコロナ禍のなかで状況はより深刻になり、いわゆる非正規労働に携わる女性の貧困など、それまであまり表に出てこなかった問題が取り上げられることにもなりました。

貧困や飢餓の問題は、もちろん食料の問題や健康の問題とも直結しています。

同じ「持続可能な開発目標報告書2020」によると、2019年に世界人口の25.9％（約20億人）が中程度から重度の食料不安の影響を受けており、その数は2014年の22.4％から悪化しています。７億5,000万人の重度の食料不安のなかにいる人々のなかには、１日または数日間、食事ができない人々もいるとされます。栄養不足の人口も、2019年には６億9,000万人で、2014年から6,000万人増加しています。

さらに、地域紛争や新型コロナウイルス感染症、そして気候危機などの影響で、こうした状況はさらに悪化することが懸念されています。

貧困、飢餓、食料、健康と人権

貧困、飢餓、食料、健康などの問題は最近になって始まったわけではありません。そして、この章の冒頭でみたように、長い歴史の

なかで、そうした問題を改善し、もっと人を大切にしないといけないという合意がかたちづくられてきました。

その到達点である世界人権宣言は、人が生きるということの最も基本的な条件に関して、第25条で次のように述べています。

　　　　すべて人は、衣食住、医療及び必要な社会的施設等により、自己及び家族の健康及び福祉に十分な生活水準を保持する権利並びに失業、疾病、心身障害、配偶者の死亡、老齢その他不可抗力による生活不能の場合は、保障を受ける権利を有する。

条約として法的拘束力を持たせた「経済的、社会的及び文化的権利に関する国際規約」（社会権規約）第11条もみておきましょう。

　　　　この規約の締約国は、自己及びその家族のための相当な食糧、衣類及び住居を内容とする相当な生活水準についての並びに生活条件の不断の改善についてのすべての者の権利を認める。締約国は、この権利の実現を確保するために適当な措置をとり、このためには、自由な合意に基づく国際協力が極めて重要であることを認める。

貧困、飢餓、食料、健康をめぐる深刻な現実。しかし一方で、世界人権宣言や社会権規約は、貧困、飢餓から自由になり、十分な食料と健康を得ることは、すべての人に認められた権利、つまり人権であるとし、国はそのための措置を取らなければならないとしています。

SDGsで達成が目指されている貧困、飢餓、食料、健康の課題が人権と関連し、それを基礎としていることが、少し具体的に見えてきたと思います。

貧困、飢餓、食料、健康の課題だけではありません。教育、労働、雇用やジェンダーの課題、そして、水へのアクセス、生産と消費、気候変動など、SDGsに掲げられているあらゆる課題が、すべての人に認められた権利、つまり人権と関連しています。

　そのなかでとくに、目標16の「持続可能な開発のための平和で包摂的な社会を促進し、すべての人に司法へのアクセスを提供し、あらゆるレベルにおいて効果的で説明責任のある包摂的な制度を構築する」について触れておきましょう。目標16に含まれるいくつかのターゲットと世界人権宣言をセットにしてみてみます。

◎あらゆる場所において、すべての形態の暴力及び暴力に関連する死亡率を大幅に減少させる。（ターゲット16.1）。／子どもに対する虐待、搾取、取引及びあらゆる形態の暴力及び拷問を終わらせる。（ターゲット16.2）

◎何人も、拷問又は残虐な、非人道的な若しくは屈辱的な取扱若しくは刑罰を受けることはない。（世界人権宣言第5条）

◎国家及び国際的なレベルでの法の支配を促進し、すべての人々に司法への平等なアクセスを提供する。（ターゲット16.3）

◎すべて人は、憲法又は法律によって与えられた基本的権利を侵害する行為に対し、権限を有する国内裁判所による効果的な救済を受ける権利を有する。（世界人権宣言第8条）

◎あらゆるレベルにおいて、応答的、包摂的、参加型で代表性をともなった意思決定を保障する。（ターゲット16.7）

◎すべて人は、直接に又は自由に選出された代表者を通じて、自国の政治に参与する権利を有する。（世界人権宣言第21条）

この章の冒頭の歴史の流れを思い出しましょう。そこでみた社会権だけでなく、自由権や参政権に関してもSDGsは多くの課題を掲げていることがわかります。目標16は他のあらゆる目標の達成に向けた基盤となるもので、人権に関しても非常に重要な目標です。

　さらに、ターゲット16.aと16.bについて、そのグローバル指標（31ページを参照）とともにみておきましょう（aやbと記されたターゲットでは、その目標に含まれるターゲットを実施していくための手段について述べています）。

　　◎とくに開発途上国において、暴力を防止し、テロリズムや犯罪と闘うあらゆるレベルでの能力の構築のため、国際協力などを通じて関連する国家機関を強化する。（ターゲット16.a）
　　◎パリ原則に準拠した独立した国内人権機関の存在の有無（SDGグローバル指標16.a.1）

　ここでは「関連する国家機関」として国内人権機関の重要性が述べられています。「とくに開発途上国において」とされていますが、国内人権機関は日本でも、これまで何度も国連などから設置を求められているにもかかわらず、現在も設置されていません。国内人権機関は117の国で設置されていますが（2021年1月現在）、政府組織からの独立性を求めるパリ原則[3]に準拠した国内人権機関の設置は日本でも重要な課題です。

★3　1993年12月、国連総会決議で承認された「パリ原則」で国内人権機関（NHRI）のひな型が示されました。人権保護に関して、人権侵害調査、人権促進、人権教育、政府や議会などに対する人権政策や立法に関する助言など、幅広い機能を持つとされ、政府機関からの独立性を保つことで政治的な影響を免れるよう配慮されています。現在、117機関のうち84機関がパリ原則に準拠しているとされます。

◎持続可能な開発のための非差別の法律及び政策を推進し、実施する。(ターゲット16.b)

◎過去12カ月の間に、国際人権法の下で禁止されている差別事由に基づき、差別またはハラスメントを受けたと個人が感じたと報告した人口の割合(SDGグローバル指標16.b.1)

　多くの条約などで差別が禁止されていますが、ここでも非差別の法規(non-discriminatory laws)の重要性が指摘されています。日本国内では、障害者差別禁止法(2013年)、ヘイトスピーチ解消法(2016年)、部落差別解消推進法(2016年)、アイヌ施策推進法(2019年)という個別法が作られてきましたが、なお不十分であり、包括的な差別禁止法の制定が重要な課題です。

　いくつかの目標とターゲットをみてきましたが、国連は17目標すべてについて、世界人権宣言や国際人権規約、さらには人権に関する諸条約との関連性を例示的に一覧で示しています[4]。

　デンマーク人権研究所も、世界人権宣言や国際人権規約を含めた人権に関する世界のさまざまな基準とSDGsの目標・ターゲットとの、より詳細な関連性をウェブサイト上で公開しています[5]。英語での情報になりますが、関心のある方はぜひ参照してください。

....

★4　アジア・太平洋人権情報センターのウェブサイトでは、その日本語訳を公開しています(「Pick Up」メニューの「SDGsと人権」を参照)。

★5　The Human Rights Guide to the Sustainable Development Goals(https://sdg.humanrights.dk/)

◉「2030 アジェンダ」の「前文」と「宣言」は、そのあとの SDGs の部分の基礎となる重要な内容で、そこには世界人権宣言をはじめ人権に関する多くのことが書かれています。

◉ SDGs の各ターゲットに掲げられている課題も、社会権や自由権の実現と深く関連しており、総じて SDGs は人権を基礎にしていると言えます。

Q5

ふたたび人権とは？
「SDGs と人権」の理解のために

人権は人間がつくり出したもの

　世界人権宣言や国際人権規約ですべての人に認められるとされる人権。しかし一方で、まったくそうはなっていない理不尽で深刻な現実があります。その現実の前で、人権は絵にかいた餅、単なる理想にすぎないのでしょうか。理想と現実のあまりに大きい落差をどう受け止めればいいのでしょうか。

　この章の冒頭の、歴史を振り返った部分を、ここでもう一度思い起こしましょう。現実はそうなっていないからこそ、長い歴史のなかで、理不尽で不合理な現実にあらがい、そして考え、人間がつくり出してきたのが「人権」という基準であり、ルールなのでした。とても大切な、誰もが守らなければならないルールです。ルールがないがしろにされ、人権が侵害されてしまうようなことがあれば、侵害された側は当然その「おかしさ」を主張することができますし、また国連や各国の制度のなかでもルールを守らせるための仕組みがつくられてきたことはすでに述べたとおりです。

　このように「人権」を、現実と格闘するなかで人間がつくり出してきたものとあらためて捉え直すことによって、気の遠くなるような「落差」の前で思考停止に陥ることも防げるように思います。

　少し視点を変えると、「人権」は世の中にあるさまざまな問題を捉え、その解決に向けて考え、自分や他者の人権を守るためのアプローチのしかたであるとも言えるでしょう。

「権利」から考えるということ

　この章の冒頭で、内閣府の「人権擁護に関する世論調査」（2017年）の結果に触れました。そこでは、「日本における人権課題について、あなたの関心があるものはどれですか」という問いに、51.1％の人が「障害者」、43.2％の人が「インターネットによる人権侵害」、36.7％の人が「高齢者」と回答し、「子ども」「女性」……と続いていることを紹介しました。

　この調査項目の設問では、「関心があるもの」の選択肢として、「女性」「子ども」「高齢者」「障害者」「部落差別等の同和問題」「アイヌの人々」「外国人」「HIV感染者等」「ハンセン病患者・回復者等」「刑を終えて出所した人」「犯罪被害者等」「インターネットによる人権侵害」「北朝鮮当局によって拉致された被害者等」「ホームレス」「性的指向（異性愛、同性愛、両性愛）」「性同一性障害者（生物学的な性と性自認（こころの性）が一致しない者）」「人身取引（性的搾取、強制労働等を目的とした人身取引）」「東日本大震災に伴う人権問題」「その他」が列挙されています。

　人権を侵害されがちな人々ごとに「人権課題」として列挙するのは、具体的でわかりやすく、また当事者視点という意味で重要でもあります。

　しかし、ここからさらに、それぞれの当事者は、具体的にどのような人権、つまりどのような「人として当たり前の権利」が充足されていないのか、侵害されてしまっているのかと、いわば権利にさかのぼって、あるいは権利に分解して捉えることで、「人権課題」の解決への道筋をより具体的に考えることができるはずです。また、列挙されている課題以外の人権の問題も、見えてくるようになるはずです。その際、世界人権宣言や国際人権規約、さらには人種差別撤廃条約、女性差別撤廃条約、子どもの権利条約、障害者権利条約

などの人権諸条約の具体的な内容が、さしあたり道しるべになるでしょう。

　また、さまざまな人権課題は「差別」として現れることも多くあります。そこでは、偏見などによる不合理な理由で人を区別し、人権の考え方の前提になっている人間の「尊厳」を傷つけてしまうのですが、その場合も、差別によって、すべての人に認められるべき権利が不当にないがしろにされ、侵害されている、という視点が重要になります。

　この点、次の世界人権宣言第2条は重要な意味を持っています。差別は、人の尊厳を傷つけると同時に、本来すべての人に備わっているはずの具体的な権利の充足を妨げるものなのです。

　　すべて人は、人種、皮膚の色、性、言語、宗教、政治上その他
　　の意見、国民的若しくは社会的出身、財産、門地その他の地位
　　又はこれに類するいかなる事由による差別をも受けることなく、
　　この宣言に掲げるすべての権利と自由とを享有することができ
　　る。

　もちろん人権は無制限に認められるものではありません。他者の人権とぶつかり、それを侵害してしまうとき、人権は制限を受けます。つまり、他の人の人権を侵害する権利は認められないのです。

　そうした場合、あくまで具体的な状況に応じて、いわば分析的に考えることが大切です。たとえば「人権を主張するのはわがままで、他人に迷惑をかけてはいけない」と言われることがありますが、「わがまま」「迷惑」といったあいまいな表現で理解するべきではないでしょう。

　「やさしさ」や「思いやり」を持ちましょうと、「人権啓発」のなかで言われることもあります。「やさしさ」や「思いやり」はとて

も大切ですが、相手の権利を尊重し、思いやっている自分を自省しながらでないと、ともすれば「上から目線」の一方的なものになってしまいます。そして、「人として当たり前の権利」は顧みられないままになってしまう場合もあります。★6

　ところで、「人権」つまり人としての権利と「わがまま」や「迷惑」を結びつけてしまうのは、ことばの問題も背景にあるかもしれません。

　明治期の先人は外来語の日本語訳に苦労してきましたが、この「権利」もその一つです。「権理」という訳も考えられていたと言われていますが、rightを辞書で調べると「正しい」「当たり前の」「当然の」という意味のあることがわかります。rightの本来の趣旨からは「理」のほうがよく理解できるのかもしれません。developmentを「開発」と訳すか「発展」と訳すか、という問題と同じような翻訳をめぐる難しさがここにもあります。

　人権は人として当たり前の「権利」の問題であることを、「権利」ということばをめぐる難しさの背景にも注意しながらあらためて考えてみることで、「SDGsと人権」をより理解できるように思われます。

....

★6　「わがまま」「思いやり」については、『人権って何だろう？』（アジア・太平洋人権情報センター編 解放出版社 2018 年）がわかりやすく解説しています。

● 人権は、長い歴史のなかで現実と格闘しながら人間がつくり出してきた基準であり、ある種のルールであるとあらためて捉え直すことによって、理想と現実の大きな落差の前で思考停止に陥ることを防げるでしょう。

● 人権は世の中にあるさまざまな問題を捉え、その解決に向けて考え、自分や他者の人権を守るためのアプローチのしかたであるとも言えます。

● さまざまな「人権課題」を考えるとき、それぞれの当事者は、具体的にどのような人権が実現されていないのかと、権利にさかのぼって、あるいは権利に分解して考えることが重要です。

第2章

地域社会から世界へ広げて SDGs を考える

　第1章では SDGs が国連でどういった背景でどのように作られたかを勉強しました。実際、議論を積み重ね 17 の目標を作り上げたのは国連というグローバルな舞台でした。しかし、SDGs の実践は、ローカルで行われています。「Think Globally, Act Locally」ということばを聞いたことはないでしょうか。これは「グローバルに考え、地域で行動する」という意味です。一方、「Think Locally, Act Globally」ということばもあります。これは「地域で考え、グローバルに行動する」という意味になります。SDGs 達成にはそのどちらも大切です。

　この章では、地域でのいろいろな担い手に焦点を合わせ、地域から世界に広げて SDGs を考えます。

　ここでは、とくに消費活動を行う個人、自治体、NPO を取り上げます。それぞれの担い手が「誰一人取り残さない」持続可能な地域づくりに向けて、どのような実践や行動をしているかを考えるとともに、SDGs 実践について必要とされる多様な担い手の連携・協働についても考えてみます。

Q6

一人ひとりの生活とSDGsは
どのように関係しますか？

SDGs達成に向けた一人ひとりの貢献とは

　SDGsの12の目標には具体的な目標としての複数のターゲットと実施手段が書かれています。ターゲットは総数169あります。SDGsのなかでも特徴的な目標と言われる「目標12：持続可能な消費・生産のパターンを確保する」に注目してみましょう。この目標には8つのターゲットが定められていますが、国、地方自治体、企業などが取り組むものに加えて、一人ひとりの生活者が取り組むものもあります。8番目のターゲットには「2030年までに、人々があらゆる場所において、持続可能な開発及び自然と調和したライフスタイルに関する情報と意識を持つようにする」と書いてあります。

　他にも「**小売・消費レベルにおける食品ロスの減少**」（ターゲット12.3）、いわゆる3Rと呼ばれる「**廃棄物の削減、再生利用および再利用**」（ターゲット12.5）も一人ひとりの生活に関係するものです。たとえば、食品ロス量の半分弱は家庭から出ていると言われています。ターゲット12.8に書かれているように一人ひとりがあらゆる場所において、持続可能性や自然と調和したライフスタイルを送ることがSDGs達成に貢献するということです。

　Q6では、日々の生活のなかでも人権に関わることの多い「**消費**」を取り上げます。

サプライチェーンにおける人権

　私たちが購入する商品は、海外で生産、製造されるものが非常に

多いです。生産者から私たちの手に届くまでを**サプライチェーン**（商品の供給網）と呼びますが、その過程で児童労働や強制労働などが行われることがあると指摘されています。

　この問題が世界的に表面化したのは、1990年代半ばに世界的なスポーツ用品メーカーであるナイキ社の生産委託工場で児童労働や低賃金労働が発覚し、その後大々的なボイコット運動などが広がったことでした。その後、スポーツ用品メーカー、アパレルメーカー、電機・電子メーカーなどはサプライチェーンにおける企業行動規範を策定するようになりました。

　しかし、サプライチェーンにおける労働、人権問題が解決したわけではありません。少しでもコストを抑えるため安価な労働力が可能で、かつ規制がゆるい途上国にサプライチェーンが伸長しているからです。

　ほかにも綿花栽培、カカオ生産、パーム油の生産、サッカーボールの生産などにおいて**児童労働**や**強制労働**の事例が多く報告されてきました。国内においても、技能実習生を含む外国人労働者の劣悪な労働環境や人権侵害事例が多数報告され、深刻な問題となっています。

　ターゲット8.7では、強制労働や児童労働のない社会を目指しています。買い物をするときに、その商品が生産―製造―加工―販売において強制労働や児童労働がないかどうかを判断して商品を選ぶことがSDGs達成に重要です。その判断材料としては、生産者がサプライチェーン上でのチェックや情報開示など一連の**人権デュー・ディリジェンス・プロセス**を行っているかどうか、あるいは第三者がチェックしてその商品やサービスに認証を与えているかなどが参考になります。

　人権デュー・ディリジェンス・プロセスというのは、事業者が事業活動にともなう人権侵害リスクを把握し予防や軽減策を講じるた

めの一連のプロセスです。詳細は、Q15（126ページ）をご覧ください。

　　強制労働をなくし、現代の奴隷制、人身売買を終わらせるため
　　の緊急かつ効果的な措置を実施するとともに、最悪な形態の児
　　童労働の禁止と根絶を確保する。2025年までに児童兵士の募
　　集と使用を含むあらゆる形態の児童労働を終わらせる。（ター
　　ゲット8.7）

持続可能な消費とは

　「持続可能な消費」は、1992年、ブラジルのリオデジャネイロで
開催された**「環境と開発に関する国連会議」**で採択された「リオ宣
言」で提起された概念です。持続可能な消費とは、**ISO26000**（社
会的責任に関する国際規格）では、「持続可能な発展に即した速度で、
製品及び資源を消費すること」と説明してあります。その背景とし
て、「現在の消費速度は明らかに持続不可能であり、環境破壊及び
資源枯渇を助長している」と書かれています。

　ISO26000は、組織を対象とした規格なので、持続可能な消費を
推進するために、組織は何をすべきかということが具体的に書かれ
ています。ライフサイクル全体、また**バリューチェーン**を考慮に入
れたうえで、社会的、環境的に有益な製品やサービスを提供するこ
とや、消費者に製品やサービスに関する情報を提供する、などです。

　なお、バリューチェーンとは、商品やサービスの生産から消費・
廃棄に至るまでの一連の活動を価値の連鎖として捉えるものです。

　その一方で、消費者の役割にも踏み込んでいます。「消費者は、
選択及び購買の意思決定の際に、正確な情報に基づいて倫理的、社
会的、経済的及び環境的要因を考慮することを通じ、持続可能な発
展において重要な役割を果たす」

　「倫理的消費（Ethical Consumption）**」**ということばも使われてい

ますが、日本では「**エシカル消費**」とカタカナで表記することが増えています。「持続可能な消費」と似たような概念ですが、倫理的消費は、より消費者の行動に焦点を合わせているといってよいでしょう。

　倫理的消費ということばの発祥の地といわれる英国では倫理的消費が過去20年間で約4倍に増えています[7]。日本においても倫理的消費は2000年代頃から注目されるようになりました。

　倫理的消費の代表的な存在であり、世界的に展開する**フェアトレード**に注目してみましょう。フェアトレードというのは、「公正な貿易」です。開発途上国の原料や製品を適正な価格で継続的に購入することにより、立場の弱い開発途上国の生産者や労働者の人間らしい営みと自立をサポートする仕組みです。

　フェアトレードは国際的な基準を設けており、それをクリアしている製品や事業所にフェアトレード認証を与えています。主なフェアトレード認証は以下の2つになります。

　1つ目は国際フェアトレード認証ラベルです。表1にあるように

表1：国際フェアトレード基準

経済的基準	社会的基準	環境的基準
・フェアトレード最低価格の保証 ・フェアトレード・プレミアムの支払い ・長期的な取引の促進 ・必要に応じた前払いの保証など	・安全な労働環境 ・民主的な運営 ・差別の禁止 ・児童労働・強制労働の禁止など	・農薬・薬品の使用削減と適正使用 ・有機栽培の奨励 ・土壌・水源・生物多様性の保全 ・遺伝子組み換え品の禁止など

フェアトレード・ラベル・ジャパンのウェブサイトから作成

★7　英国の The Co-op が Ethical Consumer という団体とともに2019年に共同発行した「倫理的消費の20年間」（原題は "20Years of Ethical Consumption"）による。

表２：WFTO（世界フェアトレード連盟）の10の指針

原則1	生産者に仕事の機会を提供する
原則2	事業の透明性を保つ
原則3	公正な取引を実践する
原則4	生産者に公正な対価を支払う
原則5	児童労働および強制労働を排除する
原則6	差別をせず、男女平等と結社の自由を守る
原則7	安全で健康的な労働条件を守る
原則8	生産者の能力構築を支援する
原則9	フェアトレードを推進する
原則10	環境に配慮する

ピープルツリーのウェブサイトから作成

持続可能性の３要素である経済的、社会的、環境的基準を設け、それらを遵守している製品に対して認証を与えます。

２つ目は、WFTO（世界フェアトレード連盟）が、表２のフェアトレード指針を満たしている団体を認証する仕組みです。サプライチェーンを含む事業活動全体が審査され、フェアトレード指針を満たしている団体はWFTOの加盟団体になることができます。

国際フェアトレード基準とWFTOの指針のどちらにも「差別の禁止」と「児童労働・強制労働の禁止」があります。フェアトレード認証は、人権に配慮した購買活動をするうえでの判断材料になると言えます

フェアトレードの世界的状況を見ると、右肩上がりに増え続け、2017年には世界の推定市場規模（小売販売額）は85億ユーロ（１兆742億円）に達しています。

日本においては、フェアトレード認証商品の売上高がグローバルの総額に占める割合は約１％とまだ小さいですが、2015年頃から増加傾向にあります。日本の消費政策をみると、消費者庁が「倫理的消費調査研究会」を立ち上げ、SDGs実施指針にも倫理的消費を推進施策のひとつに位置付けています。

社会・環境に配慮した認証制度には、森林の生物多様性を守り、地域社会や先住民族、労働者の権利を守りながら適切に生産された製品に認証を与える**FSC認証**（森林管理協議会）や、持続可能なパーム油に認証を与える**RSPO認証**などがあります。どちらも人権尊重が認証の基準に盛り込まれています。

消費者の「権利」と「責任」

「消費者の権利」とは、消費者を権利の主体として捉える考え方です。1962年に、当時のケネディ大統領が「消費者の権利保護に関する大統領特別教書」でうたったことが始まりです。

ケネディ大統領は、消費者の権利を「安全の権利」「知らされる権利」「選ぶ権利」「聞いてもらう権利」としました。

さらに1982年に国際消費者機構（以下、CI）がこの概念を発展させ、8つの権利を提唱しました。

生活の基本的ニーズが保証される権利

安全の権利

知らされる権利

選択する権利

意見が聞き入れられる権利

救済される権利

消費者教育を受ける権利

健全な生活環境の権利

これらの権利は日本の消費者基本法第2条の基本理念にも明記されています。

CIは、上にあげた「**消費者の権利**」に加えて、「**消費者の責任**」についても提唱しています。消費者の責任とは、

1　商品や価格などの情報に疑問や関心を持つ責任

2　公正な取引が実現されるように主張し、行動する責任

3　自分の消費行動が社会（とくに弱者）に与える影響を自覚する責任
　4　自分の消費行動が環境に与える影響を自覚する責任
　5　消費者として団結し、連帯する責任

　CIは、2000年頃に「**消費者市民**」という概念を提唱しました。消費者市民とは、消費者は権利と責任を併せ持つ主体であるという意味です。

　日本においても、2012年に公布、施行された「消費者教育の推進に関する法律（消費者教育推進法）」のなかで、消費者教育は消費者が主体的に「**消費者市民社会**」の形成に参画できるよう行われるものと明示されました。日本の法律に「市民」ということばが初めて登場した画期的な法律とも言われています。

　持続可能な社会の実現に向けて、一人ひとりが消費者として、その権利を享受するとともに責任を果たすことで貢献することも求められているのです。

Q6 Point

● SDGs 達成に向けて、一人ひとりが取り組むものとして消費行動があります。消費をするうえで、社会的、経済的及び環境的要因を考慮することを通じ、持続可能な発展において重要な役割を果たします。

● 商品やサービスが生産者から私たちの手に届くまでをサプライチェーン（商品の供給網）と呼びますが、その過程で児童労働や強制労働などが起きていることが指摘されています。強制労働や児童労働がないかどうかを判断して商品を選ぶことが SDGs 達成に重要です。その判断材料としては、生産者がサプライチェーン上でのチェックや情報開示など一連のデュー・ディリジェンス・プロセスを行っているかどうか、あるいは第三者がチェックしてその商品やサービスに認証を与えているかなどが参考になります。

Q7

自治体は SDGs になぜ取り組むべきなのでしょうか？

「地方創生SDGs」の登場

「はじめに」でも触れていますが、朝日新聞社による一連のSDGs認知度調査の結果にあるように、日本社会一般におけるSDGsの認知はあがってきています。そして、このようなSDGsの認知は自治体のあいだでも確実に広がってきています。

内閣府地方創生推進事務局内におかれた「自治体SDGs推進評価・調査検討会」が行った「SDGs自治体アンケート調査」の結果によると、2018年度では回答を寄せた1,020自治体中、SDGsの「存在を知らない」自治体が54ありました。一方、2020年度ではそのような自治体は1,303自治体中１つのみとなっています。

このように認知が広がるSDGsと自治体は、そもそも何らかの関係をもつものなのでしょうか。自治体はSDGsに対してどのように取り組むべきなのでしょうか。まず、日本政府がSDGsと自治体の関係についてどのように考えているのか、軸となる政策をみておきます。

東京一極集中に歯止めがかからない一方、地方では、人口減少や高齢化が進行し、雇用の確保のほか、さまざまな社会サービスの維持も困難になってきています。東日本大震災をきっかけにして設立された民間団体「日本創成会議」が2014年に発表したレポートで使われた「消滅可能性都市」ということばも有名になりました。こうした「地方」が「つづかない」という状況を踏まえ、政府は、「地方創生」政策を打ち出しました。

この「地方創生」は、なかなかその具体的な成果が見えないなか、現在、SDGsと関連づけられて語られるようになっています。具体的には、2017年頃からさまざまな審議会の議事録において、より正式な政策文書としては2019年の第2期「まち・ひと・しごと創生総合戦略」から、「**地方創生SDGs**」ということばが登場しました。そして、今日では、日本政府のSDGs政策の軸となっている「SDGs実施指針改定版」（2019年）でも、以下のように書き込まれるようになっています。

> 　現在、日本国内の地域においては、人口減少、地域経済の縮小等の課題を抱えており、地方自治体におけるSDGs達成へ向けた取組は、まさにこうした地域課題の解決に資するものであり、SDGsを原動力とした地方創生を推進することが期待されている。

　また、「SDGs実施指針」を具体化する「SDGsアクションプラン」においても、「地方創生SDGs」は、日本が構築し、世界に発信するという「SDGsモデル」を構成する3本柱のうちの1つとなっています（新型コロナウイルス感染症の拡大を受けて、2020年12月に公表された「SDGsアクションプラン2021」からは、あらたに感染症対策が加わり、4本柱になりました）。

　このように、日本政府によるSDGsに関する政策は、自治体の取り組みに対して大きく期待することに1つの特徴があります。しかし、それらの政策は、少なくとも自治体に関するかぎり、SDGs達成のための取り組みに求められる原則について必ずしも十分に対応していないようにみえます。

　たとえば、「SDGs未来都市等選定基準」では、経済・社会・環境に同時に取り組むことによって生まれる相乗効果に期待するという

「統合性」、地域のなかにある自治体、企業、市民団体等、多様な関係者によるマルチステークホルダーによる取り組みを前提とする「連携性」については重視されていますが、取り組みの目標を「取り残される」傾向がある人々に向けたものにするという「**包摂性**」(40-43ページのコラム「『誰一人取り残さない』はどこから？」も参照してください）、取り組みを決める過程においてそうした人々の声を活かしていくという「**参画型**」等、人権の実現にとって重要な要素は、明確には反映されていません。

コラム ＳＤＧｓ未来都市・自治体ＳＤＧｓモデル事業の選定

　「地方創生SDGs」の動きには、地方創生関連の交付金のほかにも、2018年に開始された「**SDGs未来都市**」と「**自治体SDGsモデル事業**」の選定というものがあります。

　「SDGs未来都市」の選定は、2008年からは低炭素社会に向けた先進的な取り組みを行う自治体を「環境モデル都市」として、2011年からは環境・社会・経済の３側面における持続可能性を目指す自治体を「環境未来都市」として、選び出してきた環境省の取り組みが内閣府の「地方創生SDGs」に吸収されたものです。2021年度までの４カ年で、124都市が「SDGs未来都市」として選び出されました。

　また、その「SDGs未来都市」のなかからとくにすぐれた取り組みとして、毎年10事業が「自治体SDGsモデル事業」として選定され、資金的な支援を受けています。

　今後は、2024年までに、SDGs達成に向けた取り組みを行っている都道府県・市区町村の割合を60％（2019年11月時点では約13％）にするという目標のもと、さらに86都市、合計210都市が「SDGs未来都市」に選定される予定であり、「SDGs未来都市」「自治体SDGsモデル事業」をつうじて得られた、多様な「成功」事例を他の地域にも拡大していくことになっています。

また、そもそも、私たちが、現在、日本で目にしている人口減少や地域経済の縮小といった課題は、都市・地方間格差をかかえる多くの国同様、自然に起こったのではなく、日本の開発に長く根差す構造上のゆがみによってもたらされました。そのため、これまでの中央・地方間関係を根本的に見直し、変革するという志向性をもった取り組みによって初めて解消されうるものです。しかし、「SDGs未来都市等選定基準」にはそのような「**変革性**」の視点が含まれているのかいないのか、明示的ではありません。

　それでも、「2030アジェンダ」が「政府と公共団体は、地方政府、地域組織、国際機関、学究組織、慈善団体、ボランティア団体、その他の団体と密接に実施に取り組む」と述べているように、SDGsの達成にとって自治体による取り組みが重要であることは間違いありません。また、自治体にとってもSDGsに取り組むことには以下のような積極的な意義があります。

自治体がSDGsに取り組む意義

　その意義とは、SDGsは自治体よる施策の企画・実施・評価の各段階に新しい視点や方法をもたらしてくれる可能性があるということです。

　たとえば、企画段階について言えば、先ほども記したように、SDGsは、これまでの施策では取り残されがちになる人々の人権を尊重・保護・促進するという「包摂性」を原則にした取り組みを前提とするものです。また、施策の対象として取り残されないだけではなく、自分に関係することは自分で決める権利を有するという自己決定権にもとづいて、とくに当事者による「参画型」を重視して進められることになっています。SDGsは、このような視点をもって取り組みの内容やその決定プロセスを改善しようとする自治体の動きを後押しするものです。

また、数多くの書籍でも解説されているように、SDGsは、ときに「野心的」とも言われる目標やターゲットを基準としており、そこから逆算して達成手段を検討する**バックキャスティング思考**を前提としています。このような思考方法は、実際には簡単にできることではありません。しかし、前例をそのまま踏襲したり、そこにわずかな追加を行ったりすることが「現実」的であると考えがちであった、言い換えれば、持続可能性が大きく損なわれているというもう１つの「現実」からは目をそらしがちであった、これまでの行政のあり方を再検討することにつながるのではないでしょうか。

　さらに、たとえば、実施段階について言えば、日本の自治体行政は、中央政府の制度に対応するために「**縦割り**」の組織がつくられてきましたが、それが実は効果・効率的な行政を妨げるという特徴を生み出してきました。そして、それがゆえに、自治体によっては、これまで、たとえば「子ども」といったように特定の人口グループに関する部署が複数あったところを総合的に関わる１つの部署に統合したり、専用窓口を設置したりする動きが生まれてきました。

　SDGsは、日本の中央政府の制度からではなく、目標やその背景となっている問題から思考をはじめるものであり、このような長年の慣行を変える努力を促進する可能性もあります。

　ただし、SDGsをきっかけにした取り組みは、自治体の視点では行政コストの削減、市民の視点では行政サービスの迅速化と結びつけて考えられてきた、「縦割り」の解消程度にとどまるものではありません。

　SDGsは、これまで述べてきたように、経済・社会・環境といった多様な分野がそれぞれ人権と関連することを前提とし、自治体内の特定の部署と結びつけて人権に関する仕事を理解するというありがちな視点に変革を求めるものだからです。

　具体的には、これまで、人権といえば、「市民人権課」「人権推進

課」といった名称をもつ部署が部落差別の解消や男女共同参画の推進、最近では、ヘイトスピーチ解消や性的マイノリティ、インターネットに関わる課題への対応等に取り組むことが「普通」とされてきました。

　しかし、SDGsは、「2030アジェンダ」、そして、「SDGs実施指針改定版」にも示されているように、いずれの目標・ターゲットを達成する努力においても、人権を実現するという視点をもって取り組むことが求められています。

　したがって、今後、自治体は、範囲を狭められて理解されてきた人権課題の扉をより広く開き、たとえば「地域福祉課」や「商工観光課」、「環境課」はみずからの政策や事業が人権とどのように関係するのかという問いを考え、実際の施策に活かしていくことが必要です。

Q7 Point

- SDGs は、その達成をはかるうえで、自治体の役割にも言及しています。日本政府も同様に、その政策上、自治体に大きな期待をしています。しかし、特徴としては、「地方創生」の動きに関連づけ、停滞する地域の活性化を実現する方法として考える傾向があります。
- そのため、自治体は、人口減少の緩和や地域経済の活性化だけではなく、自治体による取り組み全般においてどのくらい「誰一人取り残さない」ものになっているのか等、人権の実現に資することを目指した SDGs の趣旨に照らして、これまでの施策をあらためて検証することが欠かせません。
- また、どのような体制が SDGs にふさわしいのか、これまでの部署構成を見直したり、各部署に与えられた役割の枠組みを越えて検討したりすることも重要です。

Q8

自治体は SDGs にどう取り組めば いいのでしょうか？

啓発・研修の実施

　Q7でも述べたように、SDGsについての自治体の関心や知識は広がってきており、多様な取り組みが行われるようになってきています。しかし、SDGsに関する自治体の取り組み状況を調査した結果を記した論文によれば、ほとんどの自治体は、なお、SDGsに戸惑い、それとのつきあい方を模索するという現状にあります。[8]このようななかで、自身の自治体がSDGsについて具体的に何をどのように取り組むのかを考える際には、取り組み企画のためのワークショップの手順等、詳細な提案を行っている書籍がすでに複数出版されています。[9]

　そのため、こうした書籍を参考にして取り組みを進めていくことが1つの手ですが、ここではまず、「SDGs実施指針改定版」「第2期まち・ひと・しごと創生総合戦略」（いずれも2019年12月）といった日本政府の政策文書にある記述を参考にしながら、自治体による取り組みの大枠を4つに分けて示します。そのうえで、SDGsを人権の観点から捉えた際、筆者がとくに重要と考えるローカル指標に関する取り組みについて提案します。

　まず、4つのうちの1つ目は、啓発・研修活動です。なぜなら、

★8　垣迫裕俊（2020）「地方自治体における SDGs の取組みの現状と今後の展開―九州・沖縄地域全自治体へのアンケート調査を通して」『地域共創学会誌』第4号：17-44。

★9　たとえば、高木超（2020）『SDGs ×自治体 実践ガイドブック 現場で活かせる知識と手法』学芸出版社。

SDGsについては、数多くの書籍や動画等もあって、一定程度、認知が広がってきましたが、いったい何が本質なのか、まだまだよくわからないという自治体関係者は少なくないからです。

この啓発・研修には、水平方向と垂直方向、2つのタイプのものがあります。

前者は、**SDGsの概要に関する知識を横に広げる活動**であり、対象は、SDGsが重視する、多様な関係者の関与ということを反映して、自治体の職員向けのみならず、市民、市民団体、企業・業界団体向け等、まさに多様な取り組みが存在します。

そして、後者は、SDGsをどのように活用していくのか、SDGsに関連する事業を企画するための手法や他自治体の取り組みを学ぶという、**SDGsの理解を縦に高める・深めるという活動**です。このタイプの研修活動も、対象を自治体職員に限定する必要はなく、広く市民や企業にも開かれたものが望ましいですが、事実上、前者の啓発活動に比べ、後者は対象が限られています。

取り組み体制の構築

次に、先ほど述べた知識・関心を広げる・高める・深めるといった活動とともに、自治体がSDGsに関する取り組みを開始・展開するうえで重要な基盤となるのが、SDGsに関する取り組み体制を決めるということです。これに関する先行事例としては、SDGsに特化した部署・仕組みを新設する場合と、既存部署にSDGs対応をゆだねる場合の2つがあります。

前者は、数は少ないですが、「SDGs推進課」といった名称をもつ部署を設けたり、あるいは、首長を本部長とする庁内調整組織を立ち上げたりする自治体があります。

一方、後者は、総合計画や総合ビジョンといった自治体の中長期的な計画を策定する企画部門にSDGsやその取り組み状況をフォ

ローさせるということが多いです。ただし、環境分野において積極的な取り組みを展開してきた自治体では環境に関する部署にSDGsについての取り組みの調整を行わせるといったように、その自治体における、これまでの経緯を反映して担当部署を決めている場合もあります。

しかし、いずれにしても、男女共同参画や多文化共生などと同様、SDGsは一部の部署だけが取り組むことではなく、すべての部署が自分ごととして捉え、関心を深め、具体的な取り組みを検討する必要があります。

政策への反映

それでは、取り組み体制を整えた自治体は、SDGsについて、具体的にどのような活動を行っているのでしょうか。そのなかには、戦略や計画といった自治体の政策文書にSDGsを反映させるということがあります。そして、この「反映」には大別して2つのタイプが見られます。

1つ目は、「**形式的反映**」と呼ぶべきものです。これは、上述したように、各自治体が、総合的な、あるいは、特定分野に関わる中長期的な計画を策定する際、その計画を構成する項目それぞれがSDGsのどの目標やターゲットの達成に関係しているのかを考え、政策文書に書き込むというものです。こういう作業はSDGsの「紐づけ」と言われています。

2つ目は、「**実質的反映**」です。これは、SDGsを踏まえて、その達成に資する取り組みの方向性を政策に書き込むことであり、「形式的反映」と異なり、自治体の、これまでの政策の内容に変更が見られる場合です。

なお、この「形式的反映」「実質的反映」は、二項対立ではなく、一つの連続体として捉えるべきです。つまり、程度の問題として考

えるべきものであり、「形式的反映」だからただちにダメというこ
とではありません。むしろ、「形式的反映」を出発点として、今後、
SDGsの達成努力を、政策上、そして、次でも記すように事業でい
かに実質化するのか、関係者とともに検討するということが重要で
す。

事業の企画・実施

さいごに、SDGsの達成のために企画・実践する、事業レベルの
取り組みがあります。その内容は、SDGs未来都市・自治体SDGsモ
デル事業に選定された事業を見るかぎり、ターゲットでいえば、以
下のように、実に多様なものがあります。

> ◎総合防災訓練やカーシェアリング等をつうじた、「2030年ま
> でに、貧困層及び脆弱な立場にある人々の保護に焦点をあて
> ながら、水関連災害などの災害による死者や被災者数を大幅
> に削減し、世界の国内総生産比で直接的経済損失を大幅に減
> らす」（ターゲット11.5）等の達成
> ◎民間事業者や大学と連携した健康拠点の設置・運営をつうじ
> た、「2030年までに、非感染性疾患による若年死亡率を、予
> 防や治療を通じて3分の1減少させ、精神保健及び福祉を促
> 進する」（ターゲット3.4）等の達成
> ◎アートイベントの開催等をつうじた、「2030年までに、雇用
> 創出、地方の文化振興・産品販促につながる持続可能な観光
> 業を促進するための政策を立案し実施する」（ターゲット8.9）
> 等の達成

なお、これまで、「広報」といえば、市民に向けて具体的なサー
ビスを提供する部署からすれば、二次的な位置付けしかもっていな

いようにみえていたかもしれません。しかし、SDGsに関する取り組みに関しては、各自治体がその成功事例を広く発信・共有することを政府が求めていること、また、そのためのウェブサイトやイベントも整備・開催されてきていること、さらには、各自治体としてもSDGsに関する取り組みをその自治体のブランディングにつなげる動きもあることから、広報活動は自治体業務の重要な一角を占めるようになってきています。

　以上、自治体によるSDGsの取り組みについて４つのカテゴリーに分けて説明してみましたが、以下では、本書のテーマである人権との関わりから、とくに「独自ローカル指標」の策定と活用を提案します。

共通ローカル指標と独自ローカル指標

　多くの書籍、そして、本書でもQ2を中心に説明してきたように、SDGsには、17の目標、169のターゲット、目標・ターゲットの進捗を確認するための230あまりの指標があります。これらの指標は、国連統計委員会や「SDG指標に関する機関間専門家グループ」（IAEG-SDGs）会合等での議論を経て、SDGsの採択の２年後、2017年の国連総会で発表され、その後も更新されているもので、「グローバル指標」とも呼ばれます。

　これは、数多くの開発途上国を含む、実に多様な193カ国で用いられるものとしてつくられたため、しばしばそのままではその国・地域の実情に合わないということが生じています。だから、その国・地域の事情を考慮して、国ごと・地域ごとで用いられる「ローカル指標」をつくる動きが見られます。この「グローバル指標のローカル化」とも呼称される取り組みは、筆者の考えによれば、「**共通ローカル指標**」と「**独自ローカル指標**」と呼ぶべき２つのタイプがあります。

前者の「共通ローカル指標」とは、その国の複数の自治体に適用されるローカル指標で、政府が主導するものと民間が主導するものがあります。日本において、政府が行っているものとしては、内閣府地方創生事務局の自治体SDGs推進評価・調査検討会が組織する「自治体SDGs推進のためのローカル指標検討ワーキンググループ」が作成しているものが該当します。最新版は2019年8月に「地方創生SDGsローカル指標リスト」と題して公表されています。

　また、民間主導の動きとしては、NPO法人「人間の安全保障」フォーラムが提案しているものがあります。この団体は、まず都道府県レベルで用いられる91指標を提案し、その指標をあてはめた結果を書籍にまとめましたが[★10]、その後は、宮城県の自治体やNPO、大学等と連携して市町村レベルで用いられる指標を設定しました。

　後者の「独自ローカル指標」とは、各自治体、あるいは、その地域で活動する市民団体等が主導して、その自治体に固有の状況を踏まえ、その自治体のみで適用されることを意図してつくられる指標を言います。このような「独自ローカル指標」としては、自治体がSDGs未来都市・自治体SDGsモデル事業への申請時に求められてそれぞれに設定するKPIと呼ばれる重要業績指標が該当します。

　また、そのほかにも、富山県黒部市や静岡県静岡市のように、その地域で活動する市民団体が主導してつくったものもあります（なお、この「共通ローカル指標」と「独自ローカル指標」は便宜的な区別であって、実際にはその中間に位置付けられるような動きもあります。たとえば、先述した「人間の安全保障」フォーラムが市町村レベルで適用されるものとして取り組んだ指標づくりは、それぞれの都道府県の特徴を踏まえて、指標の変更を前提として行われています）。

　とくに後者の、各自治体単位で策定・適用され、その動向をモニ

★10　人間の安全保障フォーラム編（2019）『全国データ SDGsと日本―誰も取り残されないための人間の安全保障指標』明石書店。

タリングする「独自ローカル指標」は、「取り残され」がちな当事者の参加を重視した事例、策定過程における幅広い市民の参画にともなわれた事例等、それぞれに特徴があり、今後は、さらなる事例の蓄積とより詳細な分析が求められるところです。

人権のより持続的な実現方法としての独自ローカル指標

あらためて、とくに市民が参画してつくり、モニタリングに用いる「独自ローカル指標」の取り組みにはどのような意義があるのでしょうか。

まず、このような取り組みは、SDGsの目標16に含まれる、次のようなターゲットの達成に、直接、貢献するものです。

◎あらゆるレベルにおいて、有効で、説明責任を重視し、透明性の高い公共機関を発展させる。（ターゲット16.6）

◎あらゆるレベルにおいて、応答的、包摂的、参加型で代表性をともなった意思決定を保障する。（ターゲット16.7）

◎国内法規および国際協定に従い、情報への公共アクセスを保障し、基本的自由を保護する。（ターゲット16.10）

これらのターゲットは、知る権利や社会の意思決定過程に参加する権利、またその前提になる報道の自由等の基本的自由を前提にしています。

加えて、「独自ローカル指標」の取り組みは、これら3つのターゲットがもともと想定しているように、教育・保健サービスへのアクセス等、社会権を尊重・保護・充足するという観点、したがって、ほかの数多くのターゲットの達成という観点からも、きわめて重要な意味をもちます。

なぜなら、第一に、「独自ローカル指標」の取り組みは、社会権

の実現に必要な、市民を力づける「エンパワメント」につながるからです。

　具体的には、「独自ローカル指標」の取り組みは、多くの場合、その過程で、関連する統計を市民が探す・知ることをともないます。市民は、そこで、わかっていると思っていた自分の地域にある社会権上の課題についてあらためて気づいたり、エビデンス（証拠）に裏付けられた、したがって、より説得力をもつ主張を行ったりする機会を得ることができます。

　また、「サービス」とは、自治体行政等、サービスを提供する側のみが「生産」するものではなく、サービスを受ける側の市民との「共同生産」であるという考え方があります。市民も、みずからの課題を理解するだけではなく、それを解決・緩和するために自分自身がサービスを享受する権利を有することや、そのサービスの内容や申請方法等に関する知識等をもつことも、「サービス」というものを構成する重要な要素になるという考えです。「独自ローカル指標」の取り組みは、指標を設定する過程で、市民がサービスの現状や課題についても学ぶ機会をともなうため、個々の市民が社会的なサービスを活用する際に必要な「エンパワメント」にもつながる可能性があります。

　第二に、この「独自ローカル指標」という取り組みは、これに関与する自治体側にとっても、従来、自治体がそのサービス提供に必要と考えてきた範囲を超えて、自治体に求められる「能力」を再定義し、そして、向上させていくという「能力強化」の機会を提供してくれます。

　「独自ローカル指標」の取り組みのいくつかでは、多様な市民が関わり、あらためて地域課題の特定や分析、目標設定を行い、そのうえで指標を設定していきます。その過程で、自治体は、それまで触れることが少なかった多様な意見に触れ、課題の発見や分析をさ

らに多角的に行い、より高い効果をもつ政策・事業形成につなげることができるようになるでしょう。

　なお、このような政策・事業形成能力の向上は、前々節で触れた「広報」に関する能力の再定義や向上にも関係します。なぜなら、「広報」とは、通常、一方通行の「宣伝」「PR」等と同じ意味をもつことばとして理解されることも少なくありませんが、とくに「独自ローカル指標」の取り組みとの関係では、自治体と市民・市民団体等とのあいだで行われる双方向の対話の一つとして捉えなおされ、自治体行政側がその対話にかかる能力を向上させる可能性があります。その結果、行政がその活動の目的や手段、効果等について、多様な方法をもちいて市民と共有するだけではなく、市民からの協力が引き出されたりするということも出てくるでしょう。

　こうした市民の「エンパワメント」や自治体行政の「能力強化」、これらに支えられて行われる自治体・市民間の対話は、今日の日本の自治体行政という文脈のなかで、さらに特別の重要性をもちます。それは次のような理由があるからです。

　現在、自治体によって差が見られるとは言え、ほとんどの自治体において「市民協働」や「公民連携」と呼ばれる動きが一定定着してきています。そのなかで、市民団体が公共的なサービスの実施を安価な値段で請け負う事業者として位置付けられるという「市民団体の下請け化」が起こっています。また、長らくそのような関係をつづけるなかで、自治体行政の動きを厳しく監視・評価するという、市民団体の本来の機能の一つが弱体化する「自治体と市民団体間のなれあい」が進んできたという指摘もあります。市民と自治体が公の場で設定し、モニタリングする「独自ローカル指標」の取り組みは、これまでの市民・自治体行政間関係をより対等で緊張感あるものに変革する可能性を含んでいます。

　「開発への人権基盤型アプローチ」と呼ばれるものがあります。

SDGs自体は、本書のさまざまなところで説明しているように、人権尊重という基礎のうえに成り立つものです。そして、さらに言えば、Q4で説明したように、SDGsは、人権の「充足」を「促進」に限定して記述するものの、国連や一部の研究者が主張するように[★11]、「権利保有者による権利の要求」と「責務履行者による権利の尊重・保護・充足」のあいだをつなぐサイクルの制度化という人権基盤型アプローチを、理念・実践上の原則とするものです。

　こうしたなかにあって、市民のエンパワメントと自治体行政の能力強化、両者の関係性の変革とその制度化につながる「独自ローカル指標」は地域レベルで人権基盤型アプローチを実践する、ひとつの機会を提供するものとして期待されます。

★11　国連の主張としては「国連持続可能な開発グループ」（国連で開発事業に取り組む数多くの機関が参加し、その事業の管理や調整を行う執行機関）のサイトを、研究者の主張の例としては高柳彰夫・大橋正明編『SDGsを学ぶ―国際開発・国際協力入門』（法律文化社 2018 年）を参照してください。

Q8 Point

◉自治体がSDGsに関して行う取り組みには、SDGsを広げるものと深めるものがあります。そして、後者の深める取り組みとしては、取り組み体制の整備から政策上の反映、実際に実施する施策上の取り組みまで、さらに、経済・社会・環境にまたがる分野で、実に多様なものがあります。

◉いくつかの先駆的な地域で行われているSDGsの独自ローカル指標づくりとそれにもとづくモニタリング・評価の実施は、それをきっかけにして、人権の実現に役立つ、持続可能性のある基盤の構築につながる可能性があります。

開発への人権基盤型アプローチとは何か？

　1990年代後半における国連改革のなかで、「開発」と「人権」は、「開発は人権実現を目的とするもの」「人権の促進は開発の重要な手段である」というように、統合して考えられるようになりました。その後、このような「開発」「人権」の概念的統合は、国際協力の具体的な方法として、「開発への人権基盤型アプローチ」（Human Rights Based Approach（es）to Development、略称としてはRBAあるいはHRBAが用いられます）を生み出し、国連のなかで途上国の開発に取り組む機関の「共通理解」となっています。そして、また、さまざまなNGOによって採用されるようにもなりました。

　人権基盤型アプローチは、単に経済的な貧困のみならず、教育や医療などの社会サービスへのアクセスの制約を含め、さまざまな意味における貧困を「権利の侵害」と捉えます。そして、権利を保有する人たちがその権利の尊重・保護・充足を要求し、責務履行者はそれにこたえる、もし責務履行者の行動が不十分であれば、さらに権利保有者は要求を行うというサイクルを社会のなかに制度化するということを軸にするものです。かりに、権利保有者が権利要求を効果的に行うことができない場合はエンパワメントされ、自治体を含む責務履行者が権利を尊重・保護・充足する能力に不足がある場合は能力強化され、このサイクルを下支えする必要があります。

　このような人権基盤型アプローチを採用して企画・実施された事業は、数々の調査研究をつうじて、人権基盤型アプローチを用いずに企画・実施された事業よりも、その効果の持続可能性が高いことがわかっています。

権利保有者と責務保有者の関係

権利の要求

権利保有者　　　　責務履行者

エンパワメント　　権利の尊重・保護・充足　　能力強化

Q9

NPO は SDGs 達成に向けて
どのような取り組みをしているでしょうか？

NPOのSDGs策定への関わり

SDGsは、第1章で述べたように、2015年に達成期限を迎えたミレニアム開発目標（MDGs）の後継であり、1992年以降、環境課題を中心に議論してきた国連環境と開発会議（のちに持続可能な開発会議）の流れと統合した世界共通の目標です。SDGsの策定には、国連機関や政府、専門家だけではなく、企業、NPO、労働組合など多様なセクターが参加しました（Q10を参照してください）。Q9では、そのなかでも大きな役割を担ったNPOについて述べます。

NPOとは、非営利組織を意味し、Nonprofit Organizationまたは Not-for-Profit Organizationの略です。具体的には、民間の立場で社会的なサービスを提供したり、社会問題を解決するために活動する団体を指します。日本では、特定非営利活動促進法や一般社団法人及び一般財団法人に関する法律など異なる法律のもとに設立されており、呼び方も複数あります。また法人格を持たずに任意団体として活動している団体もあります。本章ではこれらを総称してNPOと呼びます。

2012年、ブラジルのリオデジャネイロで、「**国連持続可能な開発会議**」が開催されました。1992年に同地で開かれた国連環境開発会議から20年後ということで「リオ＋20」とも呼ばれます。1992年の会議は、環境分野における「記念碑的」な国際会議で、「持続可能な開発」の考え方を再確認するとともに、生物多様性条約や気候変動枠組条約に道筋をつけた重要な会議となりました。この会議を

契機に世界中で環境NPOが多数誕生しました。日本も例外ではありません。

　また1990年代には、環境だけでなく社会開発に関する一連の国連会議が開催されました。子ども、教育、世界人口、人権、女性、食糧などをテーマに議論がされたなかで、NPOは大きな役割を果たしました。NPOはさまざまな活動をしていますが、とりわけ社会で取り残されるリスクの高い人やグループの権利擁護や支援をしている組織がSDGs策定に熱心に関わりました。

　「2030アジェンダ」では、社会で取り残されがちな人々を「**脆弱性の高い人々**（vulnerable people）」と呼び、「子ども、若者、障害者、HIV/エイズと共に生きる人々、高齢者、先住民、難民、国内避難民、移民」を含むとしています。日本においてとくに社会で取り残されるリスクの高い人・グループは、（NPO法人「人間の安全保障」フォーラムによると）「子ども、女性、若者、高齢者、障害者、LGBT等の性的マイノリティ、災害被害者、外国人」などです。

　2012年の「リオ＋20」の開催前から、2015年以降の国際目標をどうするかという議論が始まっていましたが、この会議で、「持続可能な開発目標（SDGs）」の策定が正式に決められました。

　2014年に、当時の国連事務総長であった潘基文氏がポストMDGsの議論とリオ＋20の議論をまとめた統合報告書を発表しました。これは「2030アジェンダ」の基礎となるものです。そのなかで、SDGsにとって重要な6つの基本要素が挙げられました。「人間」「地球」「繁栄」「尊厳」「公正」「パートナーシップ」でした。とくに「尊厳」と「公正」は議論に積極的に参加したNPOが強調していたものです。なお、「2030アジェンダ」では、「人間」「地球」「繁栄」「平和」「パートナーシップ」の5つの要素に変更になりました。

　最終的にSDGsは17の目標にまとめられましたが、これらは互いに関連し合っているのが特徴です。たとえば、気候変動による飢餓

人口や貧困人口の増加、貧困とジェンダー不平等などです。目標間の相互関連性は、正の相関だけでなく負の相関があることにも注意を向けなければなりません。たとえば食料確保のために土地を農地転換した結果、生物多様性に負の影響が及ぼされた、などです。単一のテーマに取り組むNPOが多いのですが、**目標間の相互関連性**に目を向け、複合的なテーマに取り組む組織も増えてきています。

NPOの活動とSDGsの親和性

　目標10に掲げられている「国内及び各国間の不平等の是正」は、その重要性が高まっているにもかかわらず、これまで国連の条約や会議などで取り上げられてきませんでした。しかし、2011年9月に、米国ニューヨーク市でアメリカ経済界、政界に対する一連の抗議運動「ウォール街を占拠せよ（Occupy Wall Street）」が起き、さらに2014年1月に「世界で最も裕福な85人が人類の貧しい半分の35億人と同量の資産を所有」とする格差レポートが発表されると、大きな反響を呼びました。

　この格差レポートは、世界90カ国以上で貧困をなくすための活動や人権保護の活動をしている**オックスファム**という団体が2014年以降、毎年1月に発表しています。2017年1月に発表された「99％のための経済」と称するレポートでは、「世界で最も豊かな8人が世界の貧しいほうから半分の36億人に匹敵する資産を所有している」ことを明らかにし、さらに世界に大きな衝撃を与えました。

　このようにNPOが活動理念として掲げているテーマは、SDGs策定に大きな影響を与えました。SDGs策定に積極的に関わった団体、間接的に関わった団体、それほどでもない団体と濃淡はありますが、NPOが日頃取り組む社会課題がSDGsとして整理されたといっても過言ではないでしょう。

　参考までに、特定非営利活動促進法が定める「特定非営利活

動」を以下に挙げます。SDGsに紐付けはしませんが、多くの場合、NPOの活動そのものがSDGs達成に向けた取り組みであることをおわかりいただけると思います。

特定非営利活動とは

1	保健、医療又は福祉の増進を図る活動	11	国際協力の活動
2	社会教育の推進を図る活動	12	男女共同参画社会の形成の促進を図る活動
3	まちづくりの推進を図る活動	13	子どもの健全育成を図る活動
4	観光の振興を図る活動	14	情報化社会の発展を図る活動
5	農山漁村又は中山間地域の振興を図る活動	15	科学技術の振興を図る活動
6	学術、文化、芸術又はスポーツの振興を図る活動	16	経済活動の活性化を図る活動
7	環境の保全を図る活動	17	職業能力の開発又は雇用機会の拡充を支援する活動
8	災害救援活動	18	消費者の保護を図る活動
9	地域安全活動	19	前各号に掲げる活動を行う団体の運営又は活動に関する連絡、助言又は援助の活動
10	人権の擁護又は平和の推進を図る活動	20	前各号に掲げる活動に準ずる活動として都道府県又は指定都市の条例で定める活動

特定非営利活動促進法より

NPOの具体的な取り組み

　実際にNPOはどのような取り組みをしているのでしょうか。

　2016年に発足した**SDGs市民社会ネットワーク**（以下、SDGsジャパン）は、MDGs達成に向けて活動していた「動く→動かす」という任意団体を中心に、1992年以来、生物多様性や気候変動など環境の活動をしていた団体などが一緒になって立ち上げたネットワーク組織です。2021年1月現在、135団体が参加しており、主に①政策

提言活動、②地域や他セクターとの連携の促進、③SDGsの普及啓発を行っています。

　SDGsジャパンには、2021年1月現在、11の事業ユニットがあり、それぞれの活動に加えて、連携して政策提言活動などを積極的に行っています。11のユニットは、環境、国際開発、開発資金、障害、ジェンダー、防災・災害リスク軽減、国内貧困・格差、ユース、地域、社会的責任、教育、国際保健をテーマにしています。

　同ネットワークで活動する2つのNPOについて簡単に紹介したいと思います。

　1つ目は、国内貧困・格差ユニットに参加する**自立生活サポートセンター・もやい**（以下、「もやい」）です。「もやい」は、「日本の貧困問題を社会的に解決する」という活動理念のもと、2001年に設立されました。「もやい」は、弁護士や医師など専門家とも協力しながら、生活困窮の状態にある人たちの自立支援を行うとともに、公的支援について政策提言にも力を入れてきました。

　「もやい」の代表は、政府が発足させた「SDGs推進円卓会議」の構成員として、政府が作成する「SDGs実施指針」や「SDGsアクションプラン」などに対して、コメントや代替案を提示する役割も担っています。

　2つ目は、地域ユニットの参加団体でもある**さっぽろ自由学校「遊」**（以下、「遊」）です。「遊」は、「市民がつくる、市民に開かれたオルタナティブな学びの場」として、人権、平和、開発、環境、ジェンダー、多文化共生などをテーマに連続講座やワークショップを開催しています。

　「遊」は、2002年から「**持続可能な開発のための教育**（以下、ESD）」への取り組みを行ってきました。具体的にはESDに関する講座や道内各地でのワークショップなどの開催などです。これらの取り組みをベースに、早い時期からSDGsにも取り組んできました。

2016年、北海道の環境NPOなどとともに、1年かけて「持続可能な開発目標―SDGs―北海道の地域目標づくりワークショップ」を実施、そのプロセスと成果をまとめた小冊子も発行しました。

　また、2018年には、北海道において「持続可能な開発」に取り組むうえで欠くことのできない先住民族のテーマと「誰一人取り残さない」を大目標に掲げるSDGsを重ねて紹介した小冊子「SDGs×先住民族」を発行しました。

　「遊」は、2021年度「SDGsで世界は変われるか」と題した6回シリーズの講座を開設しています。

　このように、NPOは自分たちの活動理念などをもとに事業を実施するとともに社会や政府をはじめとする他セクターへの働きかけを行ってきました。SDGsの本質や理念を広く共有するためにもNPOの役割は大きくなっていると思います。

　同時に、SDGs達成に向けて、NPOが他のテーマに取り組むNPOやこれまであまりつきあいのなかった他セクターとも連携や協働の機会が増えるなど、NPOを取り巻く環境にも変化が訪れていると思います。

Q9 Point

● NPO（民間非営利団体）のなかには、社会で取り残されるリスクの高い人やグループの権利擁護や、格差や不平等の是正などという点からSDGsの策定に働きかける団体もあり、結果、大きな影響を与えています。

● NPOの具体的な取り組みは、環境、教育、保健、災害救援、開発、ジェンダー平等、人権尊重など多岐にわたりますが、それぞれがSDGsに深く関わっています。これまで単一のテーマに取り組んできた団体が、SDGsにより、目標間の相互関連性などに目を向け、複合的なテーマに取り組む団体も増えています。

コラム

私たち抜きに私たちのことを決めないで
(Nothing About Us Without Us)

　障害者権利条約は、2006年12月に開催された国連総会において採択されました。この条約は、国連が採択したさまざまな人権条約の上に成り立っています。

　この条約は、「全ての障害者によるあらゆる人権及び基本的自由の完全かつ平等な享有を促進し、保護し、及び確保すること並びに障害者の固有の尊厳の尊重を促進すること」（1条1項）を目的として、障害のある人の権利の実現のために締約国が立法、行政をはじめとするすべての適当な措置をとるべきことを定めています（4条）[11]。

　通常、条約の審議は政府間交渉になるのですが、この条約の制定過程には、例外的に障害当事者が参画でき、NGO代表の発言も認められました。日本からも約200人の障害当事者やNGOが積極的に参加し、この条約の制定に貢献しました。

　100日に及ぶ審議のあいだ、「私たち抜きに私たちのことを決めないで（Nothing About Us Without Us）」が繰り返されました。このフレーズは障害者権利条約の合言葉として知られますが、それ以前の条約制定において培われたものです。

　日本は2014年1月に同条約を批准しましたが、国内の多くの障害者団体などが大同団結して強い働きかけを行った結果でもあります。

　SDGsは「誰一人取り残さない」ことを大目標にしています。取り残されるリスクの高い人・グループのことを一番に考えるということは、当事者や当事者に近い支援団体などが直接政策決定に参加することであり、そのために参加を可能にする仕組みづくりが急務です。

（参考：『私たち抜きに私たちのことを決めないで―障害者権利条約の軌跡と本質』日本障害者協議会編 藤井克徳著 やどかり出版 2014年）

★11　外務省ウェブサイト
　https://www.mofa.go.jp/mofaj/gaiko/jinken/index_shogaisha.html
　（最終訪問日 2021 7.29）

Q10

協働的パートナーシップとは何でしょうか？

　私たちが直面する地球規模課題はますます複雑かつ深刻になっています。貧困問題、格差の拡大、ジェンダー不平等、紛争、難民・避難民の増加、気候変動、異常気象と大規模な自然災害の発生、天然資源の減少、生物多様性の喪失、エネルギー問題、飢餓人口が増える一方で年間13億トンの食料が捨てられる現状などがあります。

　SDGsは、これらの課題に取り組むために、世界のリーダーたちが実行を約束した「行動計画」です。17の目標、169のターゲットは、相互に関連し合っています。たとえば、目標2に掲げられている栄養改善は、貧困問題やジェンダー平等をはじめ、12の目標と関連していると言われています（「世界栄養報告 2016」）。相互に関連し合うSDGsを達成するには、包括的に取り組むことが必要です。

　政府や国際機関、あるいは大企業など1つのセクターや団体だけで取り組むには限界があり、そのためにも国境を越えて、さまざまなセクターや団体、個人が協力、連携をすることが大事です。

　SDGsの文書である「2030アジェンダ」の前文をみてみましょう。

　　このアジェンダは、人間、地球及び繁栄のための行動計画である。これはまた、より大きな自由における普遍的な平和の強化を追求するものでもある。我々は、極端な貧困を含む、あらゆる形態と側面の貧困をなくすことが最大の地球規模の課題であり、持続可能な開発のための不可欠な必要条件であると認識する。

　　すべての国及びすべてのステークホルダーは、**協働的なパー**

トナーシップの下、この計画を実施する。（後略）

（太字は筆者、「2030アジェンダ」より抜粋）

SDGsは、「誰一人取り残さない」とする目標の達成を求めています。取り残されがちな人たちのなかには、社会的に弱い立場に立たされている人たちやグループが多くいます（子ども、女性、若者、障害者、HIV/エイズと共に生きる人々、高齢者、先住民、性的マイノリティ、国内避難民、移民など）。

さらに、「**複合差別**」にも注意を払う必要があります。複合差別とは、「差別が互いに絡み合い、複雑に入り組んでいる状態」（日本女性学習財団）で、たとえば少数民族の女性が性差別を受けるなどです。

「2030アジェンダ」に取り組むには、このような複合差別を含めて、社会的に弱い立場に立たされている人たちの声を中心に置き取り組みを進めていくことがもっとも大事なことです。ベースにあるのは、人権尊重の考え方なのです。

SDGsの策定には幅広い人たちが参加しました。それぞれの違いを超えて、共通のSDGsを作るという大目標のもとに世界中の多くの人たちが集まりました。**国連オープンワーキンググループ**が設置され、政府だけでなくさまざまな立場の人たちが意見を出し合い、ときには意見をたたかわせながら、SDGsを作り上げました。

国連オープンワーキンググループには、**メジャー・グループ**と言われる９つのグループ（女性、子どもと若者、先住民、NGO、地方自治体、労働者・労働組合、ビジネスと産業、科学技術コミュニティ、農業従事者）と、コミュニティ、ボランティアと財団、移民と家族、高齢者と障害者の人たちも参加しました。

実際、あらゆる人が参加できたわけではありませんが、少なくともそういう意思と理念を持ち、開かれたプロセスに重きをおいて

SDGsは作成されました。

そもそも協働的パートナーシップとは

次に**協働的パートナーシップ**について考えてみましょう。協働について、日本NPOセンターは以下のような説明をしています。

協働とは
「**異種・異質の組織**」が、「**共通の社会的な目的**」を果たすために、「**それぞれのリソース（資源や特性）**」を持ち寄り、「**対等な立場**」で「**協力して共に働く**」こと（日本NPOセンター）

協働というのは、同じような組織や人々が一緒に活動をするのではなく、異種・異質の組織や人々がその違いを乗り越えて、共通の社会的な目標に向かって、対等な立場で協力し合う、ということです。

協働は二者間だけではありません。三者以上の組織などが協力して共に働くこともあります。この場合、マルチステークホルダー・パートナーシップということばが使われることもあります。

マルチステークホルダー・パートナーシップというのは三者以上の、複数の（マルチ）セクターや団体（ステークホルダー）による対話と合意形成の枠組みです。1992年の地球サミット（ブラジルのリオデジャネイロで開催された国連の環境と開発に関する会議）以来、持続可能な社会を支える新たなガバナンスのあり方として発展してきました。マルチステークホルダー・パートナーシップが登場した背景に、1990年代、民間企業やNPOなどの民間セクターが台頭してきたことがあります。政府や国際機関の意思決定プロセスやさまざまな規則や基準づくりに多様なセクターが参加することが重要視されてきたのです。

異なる立場の組織が、対等な立場を確保するのはそれほど簡単なことではありませんし、手間や時間がかかるなどの短所もありますが、新しい価値観や行動様式を作っていくうえで必要だと考えられています。政府や一部の専門家だけが決めるのとは違い、多くの人が参加して結論に導くことで、一人ひとりが「自分ごと」として責任を持って実行にあたれる、といった長所も評価されています。

　マルチステークホルダー・パートナーシップについては、SDGsの目標17「持続可能な開発のための実施手段を強化し、グローバル・パートナーシップを活性化する」に次のターゲットがあります。重要なのは、共通の社会的目的を明確化して、皆が共有することです。

　◎すべての国々、とくに開発途上国での持続可能な開発目標の達成を支援すべく、知識、専門的知見、技術及び資金源を動員、共有するマルチステークホルダー・パートナーシップによって補完しつつ、持続可能な開発のためのグローバル・パートナーシップを強化する。（ターゲット17.16）
　◎さまざまなパートナーシップの経験や資源戦略を基にした、効果的な公的、官民、市民社会のパートナーシップを奨励・推進する。（ターゲット17.17）　　　　（2030アジェンダより抜粋）

　また目標16「持続可能な開発のための平和で包摂的な社会を促進し、すべての人に司法へのアクセスを提供し、あらゆるレベルにおいて効果的で説明責任のある包摂的な制度を構築する」のターゲット16.7に「あらゆるレベルにおいて対応的、包摂的、参加型及び代表的な意思決定を確保する」と書かれています。

　多様な立場の人がただ集まって議論や実践を行ったりするのではなく、意思決定に等しく関わることを確保することが重要です。

具体的な取り組み：NPO法人しんせい

　協働的パートナーシップについて、実際の事例を通して考えてみましょう。2011年3月に東日本大震災が発生し、その後に福島第一原子力発電所事故が起きました。福島県では約16万人が避難を余儀なくされました。そのなかには障害を持った人も少なくありませんでした。

　JDF被災地障がい者支援センターふくしまは震災直後に設立されました（2013年に特定非営利活動法人〈NPO法人〉しんせいとなる）。そして避難した障害者福祉事業所の立て直しや、それぞれの利用者たちの生活再建の手伝いをしながら、仕事づくりをはじめました。当時、同センターや障害者福祉事業所には県内外の企業やNPOなどから寄付や支援の申し出とともに、仕事の注文がたくさんきました。しかし、注文数の大きなものも多く、ひとつの事業所では対応できず断らざるをえないこともありました。

　そこで、2013年にNPO法人となったしんせいは、13の障害者福祉事業者と協働パートナーシップを組み、利用者一人ひとりに合わせた仕事づくりを推進しながら、対応にあたることにしました。食品会社やミシンの会社などから技術支援などを受け、商品開発を進め、あらたな商品を開発してきました。これまで、おいしい焼き菓子、おしゃれなデニムのバッグなどファンを持つ人気商品を次々と作ってきました。

　デニムは、国産ジーンズ発祥の地として知られる岡山県倉敷市児島地区から端切れなどを送ってもらい、製品づくりをしていましたが、その中心的な役割を果たしたのが、倉敷市立精思高校でした。同地区のジーンズメーカーなどから端切れなどを集め、しんせいにまとめて送ってくれていました。その輪が広がり、いまでは同地区の繊維メーカーから帆布や、畳縁、真田紐なども送ってもらい、

しんせいは倉敷の人たちと共に価値ある製品づくりを協働で行っています。

　また、しんせいはSDGs市民社会ネットワークと協働事業として、同ネットワークの公式SDGsバッジを作成しました。同ネットワークの企業会員で「人・環境・社会にやさしい革」作りを目指す山口産業株式会社の「やさしい革」を土台に、このバッジはSDGsの17色が凸凹に刺繡されています。国連で売られているSDGsバッジは円形で17色がきれいに並んでいますが、私たちの住む世界は凸凹な社会というしんせいの利用者さんたちの発想から生まれたものです。その中央には、「誰一人取り残さない（Leave No One Behind）」の頭文字である「LNOB」が描かれています。

　しんせいは、県内外のNPO、企業、協同組合などからフランスの支援学校まで多様な人々や組織と連携を行ってきました。商品づくりや販売、時にはイベントを催して、福島の現状を語り続けてきました。

　連携相手のなかには、商品の販売量を増やして工賃をあげてはどうか、という提案をする人たちもいましたが、しんせいは「仕事のために障害を持つ人たちが働くのではなく、彼らの誇りある仕事をつくる」という考え方を貫いてきました。

　多様な人と連携することで、さまざまなアイディアや提案が生まれてきます。が、最後はしんせいと協働する13の事業所と利用者と話し合って、何をすべきかを決めるという姿勢をとっているのです。

誰一人取り残さない社会を実現するには

　NPO法人しんせいは、SDGsが国連に採択される以前から、「誰一人取り残さない」を自身のモットーとして掲げてきました。SDGsは、持続可能で誰一人取り残さない社会を実現する、という世界共通の目標です。これを達成するために、「最も遠くに取り残されている

人々」を中心において、協働的パートナーシップを築き、政策や実践を考えていく必要があります。

宣言
導入部　4.（誰一人取り残さない）
　この偉大な共同の旅に出発するにあたり、私たちは、誰一人取り残されることはないことを誓う。私たちは、人間の尊厳にこそ基本的な価値があることを認識し、すべての目標とターゲットが、すべての国、人々、そして社会のあらゆる要素において実現することを願う。私たちは、最も遠くに取り残されている人々にこそ、第一に手が届くよう、最大限の努力を行う。
（「2030アジェンダ」より）

　なお、日本政府が2020年に改定した「SDGs実施指針」に、NPOを広く捉え「市民社会」としての役割を以下のように記しています。

　　市民社会は、「誰一人取り残されない」社会を実現するため、現場で厳しい状況に直面している人々や最も取り残されている人々、取り残されがちな人々の声を拾い上げ、政府・地方自治体へとそれらの声を届け、知見を共有する存在であり、SDGs関連施策の企画立案プロセスにおいてこうした人々の声が反映されるよう、橋渡しをすることが期待されている。

　NPOに限らず、あらゆる社会の担い手が、包摂性や参加型といったSDGsの基本原則にのっとり、持続可能で包摂的な社会の実現に貢献していくことが重要です。

Q10 Point

●ますます深刻化・複雑化する地球規模課題に取り組むためには、1つのセクターや団体だけでは限界があります。そのためには、さまざまなセクターや団体、個人が協力、連携することが大事です。

●協働的パートナーシップには二者間にとどまらず三者以上の組織などが協力するマルチステークホルダー・パートナーシップがあります。手間や時間がかかるという短所もありますが。新しい価値観や行動様式を作っていくうえで必要だと考えられています。

● SDGs は持続可能で誰一人取り残さない社会を実現する、という世界共通の目標です。これを達成するためには「最も遠くに取り残されている人々」を中心において、協働的パートナーシップを築き、政策や実践を考えていく必要があります。

学校から SDGs を考える

　これまでの章では、地域のなかでも重要なアクター（関係者）である自治体や NPO と SDGs とがどのように関係するのかについて考えてきました。第 3 章では、その地域のなかで同じく重要なアクターである学校が SDGs とどのように関係するのかを考えます。

　そのため、本章では、まず、その学校が取り組む教育が SDGs においてどのように位置付けられているのかを確認します。その際、とくに本書のテーマである人権と SDGs とが教育というテーマのなかでどのように関係するのかも含めて解説します。

　広く知られているように、学習指導要領が改訂され、小学校ではすでに 2020 年度から、中学校では 2021 年度から全面実施、高校では 2022 年度から順次実施されていきます。新学習指導要領では、後でも述べるように、SDGs を意識した文言が書き込まれたため、今後、全国の学校で、SDGs を取り込んだ教育活動が実践されるなど、教育現場にも一定の影響を及ぼすことが予想されます。

　したがって、本章では、まず SDGs というレンズをとおして見た日本の教育についてふれたあと、学校は、SDGs に対して、どのように取り組むことが期待されるのか、学校の取り組みを「授業」と「授業以外」に分けてみていきます。

Q11

そもそも教育は
SDGsとどのように関係しますか？

教育とSDGsの二重の関係

　教育とSDGsは一般に、相互に強く、しかも「二重」に関係していると言われます。どういうことでしょうか。

　第一に、教育は、SDGsのどの目標・ターゲットにとっても、その達成のための基盤づくりに貢献するものです。そのため、教育はSDGs全体と**横断的な関係**にあります。

　たとえば、目標8「すべての人のための継続的で包摂的かつ持続可能な経済成長、生産的な完全雇用とディーセント・ワーク（働きがいのある人間らしい仕事）を促進する」にある「経済成長」は、以下のターゲット8.2にあるように、「多様化」や「技術の向上・革新」を前提にしています。そして、そのような産業の多様化や技術革新を実現するためには、より多くの国・地域でさらに質の高い教育が実践されなければなりません。

　　高付加価値セクターや労働集約型セクターに重点を置くことなどにより、多様化や技術の向上・革新をつうじた、高いレベルの経済生産性を達成する。（ターゲット8.2）

　また、目標12「持続可能な生産・消費のパターンを確保する」やそのターゲットの1つである以下のターゲット12.8を達成するためにも教育が重要です。このターゲットでは、「地球市民教育」と「持続可能な開発のための教育（ESD）」が教育政策や実際のカリキュ

ラム等で主流化されていることが、その達成度合いをはかる指標とされています。

　2030年までに、人々があらゆる場所において、持続可能な開発と、自然と調和したライフスタイルとに関する情報と意識を持つようにする。（ターゲット12.8）

　第二に、こうした横断的な関係だけではなく、そもそも「2030アジェンダ」には教育と**直接的な関係**をもつ、以下のような箇所があります。

　我々は、就学前から初等、中等、高等、技術・職業訓練、すべてのレベルにおいて、包摂的で公正な質の高い教育を提供することに努力する。性別、年齢、人種、民族に関係なく、すべての人が、また、障害者、移民、先住民族、子ども・青年、とくに脆弱な状況下にある人々が、機会を活用し、十全な社会参加を行うに必要とされる技能や知識を獲得するために生涯学習へのアクセスを有するべきである。（パラグラフ25の一部抜粋）

　そのため、SDGsにも、「すべての人に包摂的かつ公正な、質の高い教育を確保し、生涯学習の機会を促進する」とする目標4、そして、そこに掲げられた7つのターゲット（次ページ表）があります。

SDGsとMDGsとの共通点——人権としての教育

　いま見たように、SDGsのなかに教育に直接的に関係する目標とターゲットがあるのは、SDGsがMDGsの後継であることも関係しています。
　具体的には、MDGsの目標2「普遍的な初等教育の達成」、ター

SDGsにある教育に関する7つのターゲット

番号	概要
4.1	無償かつ公正で質の高い初等・中等教育の完全保障
4.2	質の高い乳幼児保育と就学前教育への平等なアクセスの保障
4.3	技術・職業教育と大学等の高等教育への平等なアクセスの保障
4.4	技術的・職業的スキルをもった若者・成人の大幅な増加
4.5	教育におけるジェンダー格差の解消と、障害者や少数民族、その他の脆弱な立場にある子どもに対する教育への平等なアクセスの保障
4.6	青年と成人の機能的識字力の向上
4.7	ESDや人権学習、ジェンダー平等のための学習、平和・非暴力的文化に関する学習、グローバル・シチズンシップや文化多様性、文化の持続可能な開発への貢献に関する学習の促進

ゲット2.A「2015年までに、すべての子どもたちが、男女の区別なく、初等教育の全課程を修了できるようにする」やターゲット3.A「できれば2005年までに初等・中等教育において、2015年までにすべての教育レベルで、男女格差を解消する」という目標をSDGsが継承しました。

　あらためて考えると、この「継承」には2つのタイプがあります。第一のタイプはMDGsからそのままSDGsへ継承された内容であり、第二のタイプはMDGsからSDGsへと発展的に継承されたものです。つまり、MDGsとSDGsには共通点と相違点があるわけです。

　そして、本書のテーマである人権という観点からは、共通点がとくに重要です。教育は何のためにあるのか、という教育の本質をめぐる議論に関することだからです。

　第二次世界大戦後、教育が何のためにあるのかについては、大きくわけて2つの考えがありました。

1つは**人的資本論**と呼ばれるもので、人間を経済発展に資する「資本」であると考え、教育とはその「資本」を質的に増加させる手段であるとする考え方です。この考え方は、独立後、工業化をつうじて経済発展をはかろうとした開発途上国において教育への投資増加の根拠となりました。

　もう1つは、経済的、社会的および文化的権利に関する国際規約（社会権規約）や子どもの権利条約等でも述べられているように、**権利としての教育**という考えです。つまり、差別や暴力から守られながら、安全で安心できる環境のなかで、質の高い教育を受けることは、すべての子ども、青年、成人にとって基本的な権利であるという考え方です。

　こうした2つの流れは、その後、1つに収れんすると言われます。そして、タイのジョムティエンで開催された「万人のための教育世界会議」（1990年）の成果文書では「基礎的な学習のニーズを満たす」「教育が世界のすべての年齢のすべての男女の基本的権利である」と述べるようになります。そして、これがセネガルのダカールで開催された「世界教育フォーラム」（2000年）を経て、MDGsへ、ひいてはSDGsへと引き継がれていきます。

　こうした歴史的なプロセスがあるからこそ、SDGsは教育を人権の1つとして考え、「2030アジェンダ」の、SDGsの前文にあたるところで、「目指すべき世界像」として「すべての人が識字できる世界。すべての教育段階における質の高い教育、保健医療および社会保護に公平かつ普遍的にアクセスできる世界」（パラグラフ7）と述べているのです。

　なお、「2030アジェンダ」は上に引用した次の文で「安全な飲み水や衛生への人権に関する我々の努力を再確認する世界」と述べています。こうしたところからも、SDGsが教育・保健サービス、そして、安全な水へのアクセスを人権の問題であると考えていること

がわかります。SDGsは、こうした社会的なサービスへのアクセス等、人権の実現に努めることこそが社会の持続可能性の向上につながると考えるものなのです。

SDGsとMDGsの相違点──教育の質的・量的な拡充

他方、SDGsは、MDGsと共通点をもちながらも、上述したとおり、MDGsを「発展的に継承」し、広げ、深めたものでもあります。それは、具体的には、目標4に置かれた7つのターゲットに現れています。

7つのターゲットのうち前半の3つ（4.1〜4.3）は、「万人のための教育世界会議」以降の伝統とMDGs時代における初等教育普及の成功・不成功を踏まえ、初等教育の完全普及を目指すとともに、MDGsには書きこまれなかった初等教育の前後、すなわち、就学前、中等教育、高等教育を含め、範囲を拡大して目標を設定しています。

そして、SDGsは、こうした量的な拡大だけではなく、7つのターゲット全体をつうじて、学習者の学習成果、つまり、学習者が何をできるようになったのか、**教育の質**にも注目しています。前にも引用したMDGsのターゲット2.Aと、以下のSDGsのターゲット4.1を並べてみると、その違いは明らかです。

2015年までに、すべての子どもたちが、男女の区別なく、初等教育の全課程を修了できるようにする。（MDGsターゲット2.A）

2030年までに、すべての子どもが、男女の区別なく、ニーズに合った効果的な学習成果をもたらす、無償かつ公正な、質の高い初等教育および中等教育を修了することを確保する。（SDGsターゲット4.1）

さらに、後半の４つ（4.4〜4.7）は、異なる教育段階に横断的に関わる教育課題の解決をつうじた、教育の質的向上に触れています。これらの課題とは、職業教育の充実や、ジェンダー、障害、民族、貧困等を理由として生じる不平等の是正、そして、生涯学習や持続可能な開発のための教育（ESD）の充実です。

Q11 Point

- SDGs 上、教育は SDGs17 目標すべての達成のための基盤になっているとの認識を示すとともに、教育そのものが目標として直接掲げられています。つまり教育と SDGs のあいだには二重の関係があります。

- 第二次世界大戦後における教育の目的に関する捉え方には、人間を経済発展のための「資本」と捉える「人的資本論」と、教育はすべての人が享受すべき「権利」であるという考え方がありました。これら２つの考え方は、1990 年代、１つに収れんし、それが MDGs に、そして SDGs に引き継がれていきました。そのため、SDGs における教育を考える際には、この権利としての教育という視点を軸にすることが重要です。

- SDGs は、教育の質についても注目していることが、MDGs との比較において、１つの特徴となっています。具体的には、就学率をあげるということだけではなく、学習成果をあげること、また、さまざまな教育課題に対応することを求めています。

Q12

学校は SDGs にどう取り組めば いいのでしょうか？（授業編）

SDGsと日本の現状

Q11では、SDGsのなかで教育はどのように扱われているのか、人権とどのように関係するのかを概説しました。Q12では、SDGsがとくに日本の教育とどのように関係するのかを確認したうえで、学校の授業との関係についてみていきます。

実際、SDGsの教育に関する指標やターゲットを読むと、それらは途上国の状況に寄せた内容の記述が続き、SDGsは日本の状況にはあまり関係しないのではないかという印象をもつ人もいます。たしかに、以下のような指標やターゲットを読むと、日本のような先進国の状況とSDGsとがどう関係するのか、一見すると、わかりづらいかもしれません。

（ⅰ）読解力、（ⅱ）算数について、最低限の習熟度に達している次の子どもや若者の割合（性別ごと）
（a）2〜3学年時、（b）小学校修了時、（c）中学校修了時（指標4.1.1）
2030年までに、すべての若者および大多数（男女ともに）の成人が、読み書き能力および基本的計算能力を身につけられるようにする。（ターゲット4.6）

こうした印象は、実は、日本以外の先進国においても多くの人に共有されています。したがって、たとえば、ユニセフがイタリアに

設置したイノチェンティ研究所は、SDGsと先進国の子どもを関連づけて理解するために、「レポートカード14　未来を築く―先進国の子どもたちとSDGs」(2017年) という報告書を発表しています。

「レポートカード」とは「通信簿」という意味ですが、この報告書は、①健康や教育等、SDGsの17目標のなかから10の目標を選び出す、②それら目標の達成度合いを示す指標を先進国用に選定しなおす、そして、③それら指標にもとづき、先進国の子どもたちがおかれた状況を把握し、それを国別ランキングのかたちで記すということを行いました（統計の整備・不整備を背景として目標ごとに比較されている国の数が異なりますが、おおむね40前後の国が順位づけられています）。

ちなみに、目標4「すべての人に包摂的かつ公正な、質の高い教育を確保し、生涯学習の機会を促進する」では、日本は10位であり、日本の子どもの基礎学力は全体として低くはありませんでした。

一方、目標10「国内および各国間の不平等を是正する」では、日本は32位となっています。このように日本の順位が低い原因は、1つに、経済協力開発機構（OECD）が行っている国際的な学習到達度調査PISAの点数が、日本では、社会経済階層間で大きくひらいてしまっているということにあります。

また、目標1「あらゆる場所で、あらゆる形態の貧困を終わらせる」において、日本は23位となっています。日本のこのような順位は、子どもの相対的貧困率の高さ（41カ国中15位）はもとより、生活保護制度や児童手当等の「社会移転による子どもの貧困率の削減幅」の少なさ（37カ国中31位）が原因です。

SDGsというレンズをとおして日本の教育を眺めたとき、日本では、まず、社会保障制度が適切に機能していないこと、それゆえに、貧困や格差が子どもたちの学力に影響を与えてしまっていること、そして、日本の教育システムもその問題にうまく対応し、期待され

る役割を果たすことができていないという状況が浮かびあがってきます。

　こうしたSDGsの達成状況を踏まえ、学校は何をするべきなのでしょうか。本書では、授業に関することと、授業以外に関することという2つに分け、本章では前者について考えてみます。

学校におけるSDGsに関する取り組み（授業内）

　本章の冒頭でも述べたとおり、日本の学校に強い影響を与える学習指導要領が、最近改訂され、小学校・中学校・高校をまたがるかたちで置かれた「前文」で、SDGsを意識した、以下のような言及がなされるようになりました。

　　これからの学校には、こうした教育の目的及び目標の達成を目指しつつ、一人ひとりの生徒が、自分のよさや可能性を認識するとともに、あらゆる他者を価値のある存在として尊重し、多様な人々と協働しながら様々な社会的変化を乗り越え、豊かな人生を切り拓き、**持続可能な社会の創り手**となることができるようにすることが求められる。（太字は筆者、以下同じ。「文部科学省 中学校 学習指導要領」2017年告示）

　また、このような動きを反映し、日本政府がどのようにSDGsを達成するのか、その基本方針を記した文書でも、以下のように記されています。

　　学校、地域社会、家庭、その他あらゆる教育・学習機会をとらえ、「**持続可能な社会の創り手**」を育成するという観点から、教育は、SDG4の達成において重要な役割を果たすとともに、**持続可能な社会の創り手**として求められる「知識及び技

能」、「思考力、判断力、表現力等」、「学びに向かう力、人間性等」を育むことにより、地域や世界の諸課題を自分ごととして考え課題解決を図る人材の育成に寄与し、SDGsの17全てのゴールの達成の基盤を作るという極めて重要な役割を担っている。
（「SDGs実施指針改定版」2019年）

　このような政策動向のなか、学校教育の現場では、多くの教員が、学校としてSDGsにどう対応するべきか、とくに授業でどう取り上げればいいのかという問いに直面しています。

　これについては、関連する書籍がすでに何冊も発行されており、そうした書籍では、すぐに授業で使える、具体的な指導案がいくつも紹介されています。そのため、SDGsを具体的にどのように授業で教えるのかについては、そうした一連の文献を参照してもらうとして、ここでは、重要と思われることを3つ述べておきたいと思います。

　第一に、現在、学校では、外国語教育の早期化から、プログラミング教育、学習の手法としてのアクティブラーニングの導入まで、新たに対応しなければいけないことが山積しています。SDGsはさらにそのうえに追加された「負担」であると考えている人も少なくないようです。

　しかし、SDGsは、本書がこれまで述べてきたように、人権に深く関わるものであり、少なくとも、人権学習に熱心に取り組んできた学校・教員にとってはまったく新しいものではありません。むしろ、上述した書籍の多くは、開発教育や国際理解教育といった分野で活躍してきた研究者や実践家が関わって執筆されたものです。そして、こうした分野においては、とくに子どもの権利条約とも関連づけながら学習の目的と方法を考えてきた経緯があります。そのため、提案されている具体的な授業内容も、**人権との親和性**を有し、

一人ひとりの児童生徒が安全・安心の環境のなかで自分らしく生き、成長する権利をもつ主体であることを強調するものです。また、自分と他者、広く社会、そしてさらに広く地球が互いにどうつながっているのか学習者に問いかけます。そして、そのつながりが時に非対称な、したがって、一方が他方を差別・抑圧するようなつながりであることを知り、これからはどう人権を踏まえてつながるべきか、考え、行動するきっかけを提供してくれています。

　第二に、一人で一からこうした指導案を作成し、教室で実践するのは必ずしも容易なことではありません。そのため、こうした書籍が紹介する指導案やその解説を読み、まずはほぼそのまま授業をやってみる、そのうえで、数年かけて、自分流にアレンジしていくということが現実的です。

　また、自分一人で書籍を読んだだけではまだまだ授業を行う自信がつかないということもあります。幸い、こうした教材づくりに関わった研究者や実務家が手がけるウェビナー（オンライン上のセミナー）が、最近、数多く開催されています。まず、こうしたオンライン研修に参加するということも同じく現実的な選択肢です。

　さらに、地域には、これまでSDGsが想定する多様な分野において活動し、なかには、優れた教育プログラムを開発・実践する能力をもつなど、高い専門性を身につけてきた市民団体が存在します。今日、学校は地域に「**開かれた学校**」であることを求められていますが、SDGsは学校とこうした団体とを結びつけ、学校をさらに「開かれた」存在にする可能性があります。

　第三に、SDGsに関する授業一つひとつの学習到達目標を何に置き、どう時間配分するのか等、「技術的に検討すること」はとても大事なことです。しかし同時に、SDGsが示すように、持続可能性が厳しく損なわれてきた、今日の、日本を含む世界のあり方を踏まえ、そもそも何を目指してそのような授業を行うのか、教育に携わ

る者一人ひとりが、また、学校組織が、あらためて、SDGsを学ぶことの意義を「社会的に検討すること」も大変重要です。

　言い換えれば、持続可能性を欠く社会の現状、そして、そのような現状を生み出してきた原因とは何かを考えながら、新学習指導要領が言う「**持続可能な社会の創り手**」とはいったいなになのか、どのような知識やスキル、態度等をもつ存在なのか、学校組織として、また教員一人ひとりによる再検討が求められています。

 OCED「Education 2030プロジェクト」

　新学習指導要領の言う「持続可能な社会の創り手」とはなにか。この問いへの答えを考える際、SDGsの策定前後に行われた、教育が追求すべき目標をめぐる国際的な議論、たとえばOECDの「Education 2030プロジェクト」や、その成果である「学びの羅針盤2030」と題する報告書が参考になります。とくに、このプロジェクトが、持続可能性の危機を踏まえ、これからの教育が目指すべきものとして言及する、「**変革的コンピテンシー**」「**エージェンシー**」がヒントを提供してくれます。

　この「変革的コンピテンシー」とは、「新しい価値の創造」「対立やジレンマの克服」「責任をとること」の3つに関わる能力と説明されます。「新しい価値の創造」とは、適応力や創造力、好奇心、新しいことに対して開かれた意識をもっていることを言い、「対立やジレンマの克服」とは、格差社会において一層多様化する意見のなか、公正と自由、個人と集団、効率と民主的プロセスといったもののあいだに存在する緊張関係を乗り越え、行動する能力を意味します。そして、「責任をとること」とは、これら2つの能力を支える態度に関することであり、そもそも自己の存在や行動を他者、より広くは社会とどう位置付けるのか、くりかえし省察するなかで育成されていきます。また、「エージェンシー」とは「主体的に考え、

行動し、責任をもって社会変革を実現していくという意思や姿勢」と定義づけられています。

広く知られているように、1990年代、インターネットの普及、グローバル化の浸透等、「変化の激しい社会」を踏まえて、国際的には、OECDによって「キー・コンピテンシー」という考え方が提唱されるようになりました。このキー・コンピテンシーは、知識やスキルを身につけるだけでは十分ではなく、その知識・スキルを用いて、思考し、表現し、他者と協働すること、そのための能力を向上させることが大切であるという考え方を前提とするものです。そして、そのような国際的な動きを受けて、日本の小中高では、「生きる力」、大学では「学士力」「社会人基礎力」「ジェネリックスキル」等と呼ばれるものの育成が重要とされるようになっていきます。

OECD「Education 2030プロジェクト」は、ひきつづき、こうした「キー・コンピテンシー」の向上は重要であるとしつつも、その「キー・コンピテンシー」が唱えられた頃から約20年の時間が経過し、学習者がこれから入っていく「社会」について、見方が大きく変わってきたことを前提としています。1990年代、「変化の激しい社会」における教育の目標を検討した際、社会はあくまでも学習者が能力を身につけ適応していく対象でありました。しかし、現在では、学習者が適応していくその先の社会は、著しく持続可能性を欠き、根本的な変革が求められるものになったというわけです。

ふりかえれば、教育には、2つの主要機能、すなわち、学習者に既存社会のなかで生きていくためのさまざまな知識・スキルを教えるという**「統合的機能」**と、学習者がその既存社会のあり方を問い、これを変えていくために必要なものを身につけるという**「変革的機能」**があります。日本の新学習指導要領は、「変革」ということばの使用を慎重に避けているように見えます。そのため、今日の持続不可能な社会状況を踏まえて、教育がこの「変革的機能」を果たすべきであると示唆する「Education 2030プロジェクト」と対照的にうつります。

Q12 Point

● SDGs に含まれている教育に関する目標やターゲットは、一見、先進国の子どもたちとあまり関係しないように読めるものもありますが、SDGs というレンズをとおして日本の教育を見ると、その特徴を浮き彫りにすることができます。

● 新学習指導要領に「持続可能な社会の創り手」ということばが書き込まれたことによって、学校の授業で SDGs をどう教えるのかということに注目が集まっていますが、これについては、すでに活用可能な教材が少なからず存在します。とくに、こうした SDGs 教材のなかには、子どもの権利条約に関する研究と実践をもとに制作されたものもあり、これらは、SDGs を、人権を基盤とするものと理解したうえで SDGs を教える際に有効です。

● SDGs をどう教えるのかということと同様に重要なことは、SDGs をつうじて何を教えるのか、何のために SDGs を教えるのかということです。そして、それを考える際には、教育が担ってきた「変革的機能」に立ち返ることが大切です。

Q13

学校は SDGs にどう取り組めば いいのでしょうか？（授業外編）

学校における子どもの貧困対策の重要性

学校によるSDGsへの対応は、授業のなかでどうSDGsを教えるのか、SDGsをつうじて何を教えるのかということに限定されるわけではありません。Q12で見たように、SDGsというレンズをとおして見た日本社会の姿は、多様な教育上の課題をかかえるものです。そして、なかでも、貧困のなかで生じる教育格差が是正されないままになっている姿は実に深刻です。

したがって、SDGs採択をうけて、教育に携わる人々が取り組むべきこととして期待されるのは、SDGsの採択に先立ち、政府によって2014年に策定された「子供の貧困対策に関する大綱」にもあるように、**子どもの貧困対策**強化です。新型コロナウイルス感染症拡大のなかで、たとえば（一部の進学校等を除き）多くの学校・家庭でオンライン学習への切り替えがスムーズに進まず、学力格差の拡大が懸念されるという事態が生じました。あるいは、休講措置により給食を食べることができず、子ども食堂の役割が注目されるといったことも起きました。「緊急時」であっても「平時」であっても、貧困ゆえに子どもの成長が損なわれることはあってはなりません。

SDGsと子どもの権利条約

しかし、学校によるSDGsへの対応は子どもの貧困対策にとどまるものではありません。本書のさまざまなところで言及されているように、SDGsは「人権重視性」に特徴づけられ、世界人権宣言や

国際人権規約、さらにはそこから派生する女性差別撤廃条約や障害者権利条約等の国際人権条約と、同じ基盤をもつものです。子どもの権利条約もそうした国際人権条約の一つであり、もちろん、例外ではありません。したがって、学校によるSDGsへの対応は、この**子どもの権利条約**に照らして、包括的に検討される必要があります。

　あらためて、前文と54の条文から構成される子どもの権利条約を復習しておくと、子どもの権利は「**生存**」「**発達**」「**保護**」「**参加**」という4つの権利群に分けられますが、SDGsは、この4つの権利群すべてに直接関わっています。そのため、それらすべてを踏まえて学校による対応が議論されなければなりません。

　「生存」や「発達」については、子どもの権利条約では、たとえば、第6条に生きる権利・育つ権利、第24条に健康・医療への権利、第28条に教育を受ける権利、第31条に休み、遊ぶ権利に関する条項がおかれています。SDGsには、目標3「あらゆる年齢のすべての人の健康的な生活を確保し、福祉を促進する」、目標4「すべての人に包摂的で公正な、質の高い教育を確保し、生涯学習の機会を促進する」等が含まれており、とくに子どもとも深く関わる、栄養や教育・保健分野に関する目標やターゲットが数多く存在します。

　また、「保護」に関しても、子どもの権利条約は、第19条で身体的・精神的暴力、第32条で経済的搾取・有害な労働、第34条で性的搾取からの保護について定めるなど、非常に多様な形態で存在する暴力に対応した条文を置いています。SDGsにおいても、同じ趣旨から、ターゲット5.2「人身売買や性的、その他の種類の搾取など、すべての女性と女の子に対する、公的・私的空間における、あらゆる形態の暴力をなくす」や、ターゲット8.7「強制労働を根絶し、現代の奴隷制、人身売買を終らせ、子ども兵士の募集と使用を含む、最悪な形態の児童労働を確実に禁止し、なくし、さらに、2025年までにあらゆる形態における児童労働を終わらせるために緊急か

つ効果的な措置を実施する」、ターゲット16.2「子どもに対する虐待、搾取、人身取引、そして、あらゆる形態の暴力や、拷問をなくす」などが置かれています。

　さらに、「参加」についても、子どもの権利条約では、第12条で意見表明権を定め、そのために第13条で知る権利、第14条で思想・良心の自由、第15条で結社・集会の自由に関する条項を置くなどしています。SDGsでは、ターゲット16.7「あらゆるレベルにおいて、応答的で包摂的、参加型で代表性ある意思決定を確保する」があります。

　そして、「2030アジェンダ」には、「子どもや若い女性・男性は、変化のための重要な主体であり、彼らは、この開発目標のなかに、自身の、活動のための無限の能力をよりよい世界の創造へと向ける場を見いだすであろう」とも述べられており、SDGsは、子どもを保護対象と考えているだけではなく、「**変革の主体**」であるとも考えていることがわかります。

子どもの権利条約を踏まえた、より包括的なSDGs対応

　それでは、具体的に、学校はどのようなSDGs対応を行うべきなのでしょうか。「生存」や「発達」の権利に関わる貧困対策についてはすでに言及しましたが、「保護」についてはどうでしょうか。

　2013年のいじめ防止対策推進法、2019年の改正児童福祉法・児童虐待防止法、さらにはその後の民法（親子法制）部会における議論等、たくさんの対策があるにもかかわらず、学校におけるいじめやブラック校則、家庭における体罰や暴言、あるいは、学校内外における性的虐待など、広義の「暴力」がなお多く存在しています。

　さらには、**性的マイノリティや外国につながる子ども**に対する差別や**マイクロアグレッション**（相手の人格や尊厳を傷つける明確な意図をもつヘイトスピーチとは異なるものの、「男の子は、女の子はこう行

動をするはず」「外国人とはこういうもの」といったような偏見にもとづく言動）も、まだまだ多くの学校で残存しています。

さらに、「参加」についても、現在は、暴力の被害にあう子どもたちへのケアを決める際、子どもたちの声を聴くことを義務づけたり、「意見表明支援員（アドボケイト）」の配置を求めたりする法改正が政府によって検討される時代になっています。しかし、子どもに意見させると子どもが生意気になると考えるおとなはまだまだ少なくありません。あるいは、「子どもの意見を聴くこと」とは子どもとおとなとの対話を想定しているにもかかわらず、「子どもの意見にすべて従うこと」だと勘違いしている人もいます。その結果、中高生になってから、自分の意見を述べることを要求されても、年齢が小さい頃から自分の気持ちや考えを口にする、そして、おとながその子どもの声を受けとめてくれるといった経験に乏しいため、「突然、そのようなことを言われても……」と戸惑うほかないという事態が頻出しています。

したがって、学校によるSDGs対応とは、授業をつうじた子どもたちの能力を高めていくということだけではなく、子どもの権利条約を踏まえ、その権利の尊重・保護・充足に取り組んでいくことこそ、SDGsの達成に資する対応なのです。

Q13 Point

● 学校による SDGs への対応は、授業の充実にとどまるものではなく、授業外でも、子どもの貧困対策の強化に取り組むことも求められます。
● 学校による SDGs への対応をより包括的なものにするためには、子どもの権利条約を参照し、「生存」「発達」「保護」「参加」という４つの権利群ごとに学校の現状を分析し、それぞれについての対応を検討することが重要です。

企業から SDGs を考える

　これまでの章では、まず地域から世界へと広げ、その
あと学校の視点から SDGs を考えてきました。この第
4章では、学校と並んで大きな場である企業の視点から
SDGs を考えます。

　SDGs に関する本がたくさん出版されていますが、そ
のなかでも企業向けに書かれた本がとくに多いように思
います。非常にたくさんの視点や論点がそこでは提示さ
れていますが、この章では、「企業と SDGs」を人権の視
点からどう理解すればいいか、ということにフォーカス
します。

　そして、「2030 アジェンダ」で企業活動に関して書か
れたパラグラフ 67 を手がかりに、企業活動に関して
「SDGs と人権」をどう考えればいいのか、という基本的
な視点を提示することを目指します。「はじめに」でも述
べたように、何らかのノウハウの提供を意図するもので
はなく、よく考えてみることを目指したものです。

　SDGs を企業と人権の視点から理解するには、CSR（企
業の社会的責任）をめぐる議論を踏まえると、よく理解で
きるように思います。この点、コラム「CSR のなかの人
権」（124 ページ）で詳しく紹介しています。

Q14

企業活動と人権はどう関係するのですか？

企業活動と人との関わり

　SDGsの話に入る前に、企業活動と人との関わりについて考えておきましょう。

　企業の活動は社会のなかで大きな役割を担っています。企業は人々の日常生活に必要なモノやサービスを生産し、私たち一人ひとりは日々それらを消費し、そして廃棄もしています。部品、素材やエネルギーなど、ある企業が生産したモノやサービスを他の企業が利用する場合もあります。

　とても複雑になった現代の社会は、細かくみていくと、こうした生産と消費の「つながり」によって成り立っていることがわかります。

　吉野源三郎の『君たちはどう生きるか』という1937年に出された本が最近あらためて話題になりました。そのなかの一節に次のようなくだりがあります。――「生活に必要なものを得てゆくために、人間は絶えず働いて来て、その長い間に、いつの間にか、びっしりと網の目のようにつながってしまったのだ。そして、……見ず知らずの他人同士の間に、考えて見ると切っても切れないような関係ができてしまっている」

　この「切っても切れないような網の目」は、いまのことばでいえばサプライチェーンの意味で使われていることが、別の部分の叙述からもわかります。サプライチェーンとは「供給のくさり」、つまり生産活動のために必要な部品、素材やエネルギーなどの供給を他

の企業などから受ける、その「くさり」のようなつながりのことです。

　もちろんいまは、1937年頃よりもっと複雑なつながりになって広がっています。このサプライチェーンとともに、モノやサービスが生産され、消費されるまでを含めた過程を**バリューチェーン**といいます。バリュー、つまり価値が付加されていく過程といった意味です。

　たとえばスマートフォンは、非常に多くの部品の集まりです。それらの部品は、日本を含め世界のさまざまな国で作られていますが、その部品の元をたどれば、アフリカで採掘された鉱物を含んだ部品であったり、石油から作られたプラスチックであったりします。

　そして、それらの部品は、これまたさまざまな国の工場で組み立てられ、流通を経て最後は消費者が購入して使っています。その間には、パッケージを作る企業があったり、運搬する企業があったり、広告を作る企業があったりもします。国の内外を問わず、また中小企業から大企業まで企業規模を問わず、そこには非常に多くの企業が関わっています。

　さて、このバリューチェーンには、数えきれないほど多くの「人」が関わっています。鉱物の採掘現場、部品を作る工場や組み立てる工場では人が働いています。自動化された工場でも、どこかで必ず人は必要です。製品やパッケージのデザインを考える人もいます。

　こうした製造業以外でも、サービスの提供には人が必要です。モノやサービスの取引関係にも、多くの人が関わっています。生産活動に必要なお金の流れのなかでも、たくさんの人が動いています。それら全体を管理する人もいます。

　ちょうど企業のなかの製造部門、営業部門や総務部門で働いている人のことを思い浮かべるといいかもしれません。部門に分かれていない小さな企業でも、こうした役割を果たしながらたくさんの人

が働いています。

　こうして、生産活動のつながりは、国内外を問わず世界中に広がっています。そして、モノやサービスを使う消費者も、同じように世界中に広がっています。

　さらに視野を広げると、企業が立地する、あるいは市場となる地域社会では、数多くの人々がそれぞれに日常生活を送っています。

　「企業と人権」について考えるときは、それぞれかけがえのない命を持って生きている多くの人々が関わっている、こうしたつながりのすべてを視野に入れることが出発点になります。

企業活動の「影響」とCSRの考え方

　少し歴史をさかのぼって考えてみましょう。産業革命以降の近代から現代にかけて、生産活動は以前とは比較にならないほど大きなものになりました。それは地球大にまで広がり、人、モノ、カネ、情報が国境を越えて移動するグローバル化のなかで、企業は資源や労働力を求めて、あるいは市場を求めて、他の国や地域へ出ていくようになりました。巨大な「多国籍企業」も数多く出現してきました。

　社会全体のなかで企業の存在がますます大きくなるにつれて、その及ぼす影響も大きくなってきました。あらゆる生産活動は資源を消費し、二酸化炭素を排出します。つまり地球環境に影響を及ぼします。

　同様に、働く人の労働環境や生活、地域社会の人々の日常にも、企業は影響を及ぼします。消費者にもモノやサービスを通じて影響を及ぼします。

　こうした社会のなかで企業が及ぼす「影響」に着目し、積み重ねられてきた考え方がCSR（企業の社会的責任）です。2011年にEU（欧州連合）は、「CSRは社会に与える影響に対する企業の責任である」

と定義しています。

　背景には、上にみてきたように、地球環境や社会、具体的には企業のまわりにあるさまざまな関係先（ステークホルダー）に対して企業の及ぼす影響がどんどん大きくなってきたことがあります。ステークホルダーには、従業員、取引先、消費者や地域社会などが含まれます。政府（行政）やNPOなどを含めて考える場合もあります。

　ステークホルダーは一人ひとりの「人」でもあります。企業は社会の一員であるからこそ、そうした人々に及ぼす影響について責任を持たねばなりません。

　そして、それらの人々は、一人ひとりが例外なく、生まれながらにして人権を持った存在です。第1章でみたとおりです。CSRのなかで、人に対する影響への責任が人権の課題として大きな部分を占めているのも、ここに理由があります。

　この本のテーマである「SDGsと人権」の企業に関わる部分では、このようなCSRの考え方を踏まえておくことで、背景も含めて理解がより深まります。

　そして、さらにその背景には、世界人権宣言をはじめとする国際的な人権の考え方や、ILO（国際労働機関）が積み重ねてきた労働基準の考え方があることも意識しておきましょう。この点はもう少しあとで考えていきます。

コラム CSRのなかの人権

　日本では、「企業の社会的責任」は、1960年代を中心とする高度経済成長期にも、水俣病などの公害問題をめぐって問題となりましたが、その後、2003年の「CSR元年」を機に、あらためて日本の企業社会に広まっていきました。国際的なCSR基準が取り入れられてきたのもこの頃からです。

　2000年から始まった「**国連グローバル・コンパクト**」では、企業が遵守すべき10の原則のうち６つが人権と労働に関する内容です。世界では１万8,000、日本でも400を超える企業や自治体、大学などの組織が10の原則に署名をしています。

　2010年に発行された本格的なCSR（正確には企業以外の組織も含めたSR）の基準である「**ISO26000**」（社会的責任に関する手引き）でも、「社会的責任の原則」に「人権の尊重」が、また６つの「中核主題」に「人権」が含まれています。

　2011年に大幅に改訂された「**OECD多国籍企業行動指針**」も、CSRの基準を示すものとして重要です。そこでは大きく「人権」の章が設けられています。

　またCSR報告書（最近では「サステナビリティ・レポート」等さまざまに呼ばれます）などを記述する際の基準を定めた**GRI**（グローバル・レポーティング・イニシアティブ）の「サステナビリティ・レポーティング・ガイドライン」（最新版は「サステナビリティ・レポーティング・スタンダード」で「**GRIスタンダード**」と呼ばれます）でも、人権に関連する項目が多く取り入れられています。

　こうした基準の話ではありませんが、CSRに関連して、2006年の「**国連責任投資原則**」を機に、投資の切り口からの**ESG**（環境・社会・ガバナンス）という考え方も広がってきています。この「S」（社会）のなかで人権はますます重要な課題になってきています。

　複雑な経過をたどり、さまざまな要素が含まれるCSRですが、企業と社会・環境との関係をめぐる問題として、「**影響**」というキー

124　第4章　企業からSDGsを考える

ワードを手がかりに、その本来のあり方を理解しておく必要がある
でしょう。

　とくに日本では、企業の事業活動とは関係しないところで取り組
まれる「社会貢献」活動を、CSRと混同してしまう誤解が広く行き
渡ってきました。もちろん社会貢献はわるいことではありませんが、
企業がその本業として行っている事業活動のあり方を問うのが本来
のCSRです。その意味では、本業とは別のところで行われるイメー
ジのある「CSR活動」という言い方も、正確な表現ではありません。

　人権に関わっても同じようなことが言えます。あとにみるように、
人権の「促進」を目指す社会貢献的な取り組みも貴重なものですが、
本来重要なのは、事業活動自体が及ぼす人権への「負の影響」に着
目することです。

Q14 Point

◉いまの世界では、企業活動に関係する生産と消費の「つながり」
が網の目のように世界中に広がっており、そのあらゆる場面で
「人」が関わっています。

◉企業活動がまわりの社会や地球環境に及ぼす「影響」に着目し、積
み重ねられてきた考え方がCSR（企業の社会的責任）で、その「影
響」は現代社会でますます大きくなってきています。

◉「影響」に着目するCSRの考え方は、企業の事業活動が及ぼす人権
への「負の影響」に着目する「ビジネスと人権」の考え方につな
がっていきます。

Q15

「ビジネスと人権」ということばを聞きますが、どういう意味ですか？

「企業と人権」と「ビジネスと人権」

　日本でも「企業と人権」の課題はかなり以前から認識されてきました。たとえば人の採用は企業の事業活動の重要な要素ですが、採用から被差別部落の出身者を差別して排除しようとした「部落地名総鑑」事件が、約半世紀前の1970年代に発覚して以降大きな問題となりました。差別のない公正な採用選考は、在日コリアンなど国籍や民族による差別なども含め、現在に至るまで企業活動の大きな課題です。国の「公正採用選考人権啓発推進員」制度は、こうした背景のもとに設けられているものです。

　それ以外にも、女性の労働をめぐる課題、性的マイノリティをめぐる課題、障害者の雇用や合理的配慮をめぐる課題、さまざまなハラスメントをめぐる課題、外国人労働者をめぐる課題等々、時代の変化とともに、多くの課題に企業は直面してきています。

　こうした、主として職場など身近な企業活動での人や労働をめぐるさまざまな問題が、おおむね「企業と人権」の課題として捉えられてきたと言ってよいでしょう。この本の読者にも、「ビジネスと人権」よりも「企業と人権」と言ったほうが馴染みのある方もおられるかもしれません。

　一方、日本でCSRの考え方が広がってきた2000年代後半あたりから、それまでとは少し違った要素が加わってきます。2010年に発行されることとなったISO26000に関し、その「中核主題」の一つに「人権」が大きく取り上げられることが知られるようになり、また、

あとでみていく「ビジネスと人権」に関する国連での動きが日本にも紹介されだした頃からのことです。

そして2011年に「ビジネスと人権に関する指導原則」が国連人権理事会で承認され、その認知が徐々に広がるにつれて、日本でも「ビジネスと人権」という言い方が明確に広がりを見せるようになっていきます。

「ビジネスと人権」は、それ以前からの「企業と人権」とどう違うのでしょうか。表現上の問題では、「企業」といえば組織体としての企業がイメージされるのに対し、「ビジネス」は企業活動、つまりバリューチェーン全体に関わる企業の意思決定や事業活動などが含まれると言えるでしょう。

しかし、考え方としては、企業の事業活動の問題であるという点と、その事業活動が及ぼす「影響」から生じる問題という点で同じなのです。新しい流れとして入ってきたイメージのある「ビジネスと人権」をどう受け止めるか、という点で、これはとても重要な認識です。

「ビジネスと人権に関する指導原則」

この章の冒頭でみたように、すでに20世紀の後半から、労働力と市場を求めて企業活動は世界中に広がり、その及ぼす影響も非常に大きくなっていきました。

とりわけ、企業の生産現場が発展途上国などに広がっていき、サプライチェーン上での過酷な労働のあり方が問題となってきました。たとえば1997年には、米国のスポーツ用品メーカーが生産委託していた東南アジアの工場で、児童労働、強制労働、長時間労働などの過酷な労働実態が明らかになり、大規模な不買運動にもつながりました。

また、生産活動にともなう環境汚染などを通じて、地域社会で生

活する人々に深刻な影響を及ぼすこともありました。たとえば1984年には、米国の化学会社のインド子会社の農薬工場から有毒ガスが漏れ出し、地域社会の人々に甚大な健康被害を及ぼしました。

　国連でも、企業活動が人々に及ぼす深刻な影響をなんとかしなければならないという議論がなされ、そうした動きが、2008年に出された報告書「**保護、尊重及び救済：『ビジネスと人権』のための枠組**」、そしてその枠組みを実施するための原則として2011年の人権理事会で承認された「**ビジネスと人権に関する指導原則：国連『保護、尊重及び救済』枠組実施のために**」（以下「指導原則」）につながっていきます。

　これらは、「人権と多国籍企業及びその他の企業の問題」に関する国連事務総長特別代表として大きな役割を果たしたハーバード大学のジョン・ラギー教授の名から、「ラギー原則」や「ラギー・フレームワーク」と呼ばれることもあります。

　「ビジネスと人権」とはどういう意味なのかと言えば、こうした「指導原則」を中心とする「企業と人権」の問題の捉え方であり、解決に向けた考え方である、ということができるでしょう。

　では具体的にどのような考え方なのかをみていきましょう。

「保護・尊重・救済」と人権デュー・ディリジェンス

　「指導原則」では、国家には企業による人権侵害から個人を「保護」する義務を、企業には人権を「尊重」する責任を求めています。そして人権侵害から「救済」する仕組みの重要性も示しています。これが、「国家の人権保護義務」「企業の人権尊重責任」「救済へのアクセス」の3つの柱からなる「**保護・尊重・救済**」枠組みと言われるものです。

　「指導原則」が日本に紹介されてきた当初は、第2の柱、つまり「企業の人権尊重責任」の部分が取り上げられることが多かったの

ですが、「国家の人権保護義務」、そして「救済へのアクセス」も、非常に重要な内容です。この点、後のQ16であらためて考えますが、第1章で説明した歴史の流れや人権を保障する国家の義務についても思い出しておきましょう。

ここでは「企業の人権尊重責任」について具体的に考えていきます。まず「人権尊重」とはどういうことかについて、「指導原則」は原則11で次のように述べています。

> 企業は人権を尊重すべきである。これは、企業が他者の人権を侵害することを回避し、関与する人権への負の影響に対処すべきことを意味する。

つまり「人権尊重」は、企業がその事業活動により人権を侵害しないようにすることなのです。

企業が人権尊重責任を果たすには、取引先や消費者との関係も含めて、事業活動のあらゆる面、つまりバリューチェーン全体を見渡して、人権への**「負の影響」**はないか、つまり人権を侵害していないか、あるいは侵害する可能性はないか（これを**「人権リスク」**といいます）をまず洗い出して問題を**特定**しなければなりません。

そして具体的に誰のどのような人権のどのような侵害なのかを**評価**し、人権を侵害することがないよう**対処**（**防止、軽減**）する仕組みをつくることが求められます。

この「特定」「評価」「対処（防止、軽減）」に、その仕組みがうまく機能しているかの「追跡評価」と、CSR報告書などでの取り組みの「公開」を加えた一連の流れが**「人権デュー・ディリジェンス」**と言われるものです。

若干難しそうなことばですが、この一連の流れ（プロセス）を正確に端的な日本語で表現するのはなかなか難しく、むしろ「人権

デュー・ディリジェンス」とカタカナで覚えておいたほうが誤解が
生じないかもしれません。

　この人権デュー・ディリジェンスについて、「指導原則」の原則
17は次のように述べています。少し難しい表現ですが、目を通して
おきましょう。

> 　人権への負の影響を特定し、防止し、軽減し、そしてどのよ
> うに対処するかということに責任をもつために、企業は人権
> デュー・ディリジェンスを実行すべきである。そのプロセスは、
> 実際のまたは潜在的な人権への影響を考量評価すること、その
> 結論を取り入れ実行すること、それに対する反応を追跡検証す
> ること、及びどのようにこの影響に対処するかについて知らせ
> ることを含むべきである。

「可能性」から考える

　この「原則17」に出てくる「**潜在的**」という表現もよく理解して
おく必要があります。英語のpotentialの翻訳ですが、「可能性」と
表現してもいいかもしれません。

　たとえば、さまざまなハラスメントはどの職場でも課題になる問
題ですが、常に起こっているわけではありません。しかし起こる可
能性は常にあります。そして、起こってしまうとハラスメントの被
害者の人権を侵害してしまいます。だから、起こらないように、研
修などで社員の理解を促進したり、相談員の制度を整えたり、と
いった「対処」の取り組みを日頃から行う必要があるわけです。

　そして、もしハラスメントが起こってしまったら、つまり「潜在
的」であったものが「実際」に起こってしまったら（これを「顕在的」
という場合もあります）、企業はその人権侵害の状態を「**是正**」しな
いといけません。具体的には、人権を侵害された人を「**救済**」する

ためのさまざまな対応につなげていくことになります。

「指導原則」では「救済」について、司法など国家によるものも含めて、「謝罪、原状回復、リハビリテーション、金銭的または非金銭的補償、及び処罰的な制裁（罰金などの刑事罰または行政罰）や、たとえば行為停止命令や繰り返さないという保証などによる損害の防止」と説明しています（原則25の解説）。

さらに、表に出てこない、つまり潜在してしまっている人権侵害を救済に結びつける仕組みも大切です。「指導原則」ではこれを「**苦情処理メカニズム**（グリーバンス・メカニズム）」として詳しく説明しています。それは「企業の事業により直接影響を受ける人々に、自分たちが負の影響を受けている、または受けるであろうと考えて懸念を表明する途を提供すること」（原則29）であり、「救済へのアクセス」という表現の意味でもあります。こうした仕組みは、人権デュー・ディリジェンスでの「負の影響」の「特定」にも役立つとされます。

「苦情」というと、日本語でいう「不平不満」や「クレーム」に近いイメージをもつ人もいるかもしれません。しかしグリーバンス（grievance）には、不当なことに対する異議や抗議といったニュアンスがあることも理解しておきましょう。

さて、以上のように考えてくると、少なくとも部分的には、すでに取り組んでいる企業も多いのではないでしょうか。難しいイメージのある人権デュー・ディリジェンスも、具体的に考えていくと理解しやすくなるはずです。

バリューチェーン全体を見渡すと、もちろんハラスメントだけではなく、人権に「負の影響」を及ぼす可能性は至るところにあります。たくさんの問題を前に、企業はどうすればいいのでしょうか。

この点、「指導原則」は、「人権への実際及び潜在的な負の影響への対応策に優先順位をつける必要がある場合、企業は、第一に最も

深刻な影響または対応の遅れが是正を不可能とするような影響を防止し、軽減するよう努めるべきである」（原則24）としています。つまり優先順位を考えて取り組んでください、ということなのです。

　ところで、こうした「可能性」の考え方からは、企業のなかのどんな仕事も人権と関係があることがわかります。人権への負の影響が現在進行形で実際に起こっていなくても、起こる可能性はどこにでもあるからです。

　また、人権デュー・ディリジェンスは、人権侵害が起こることを未然に防ぐ「予防」を主眼とした考え方であることもわかります。その意味では、リスクを排除しようとするリスクマネジメントの考え方に通じるところもあります。

　ただ、その際、「指導原則」の次のような指摘も注意しておく必要があります（原則17の解説）。

　　　人権デュー・ディリジェンスが、単に企業自らに対する重大なリスクを特定し、対処するばかりではなく、権利保持者側に対するリスクをも含むのであれば、これをより幅広い企業のリスクマネジメント・システムのなかに入れることができる。

「企業自らに対する重大なリスク」は、経営リスクやビジネスリスクと言われるものです。ハラスメントの例でいえば、そうした問題が起こってしまったことによる企業経営への影響の可能性、たとえばレピュテーション（評判）リスクや訴訟リスクなどのことです。一方「権利保持者側に対するリスク」は、ハラスメントの被害者の人権を侵害してしまうリスクのことです。

　一般に「人権リスク」と言われる場合、このどちらのリスクのことが語られているのかを、注意深く見極めることが大切です。「指導原則」でいう「人権リスク」はもちろん「人権を侵害してしまう

リスク」のことなのですが（「人権侵害リスク」と言ったほうが明確に
なるかもしれません）、「指導原則」のこの部分は、双方の「リスク」
があることを認識したうえで、それらを峻別して、一般的な企業の
リスクマネジメントに組み入れることも条件付きで可能ですよ、と
言っているわけです。

　ちなみに、この「含むのであれば」は、provided thatというか
なり強い意味の仮定表現がなされています。

「国際的に認められた人権」

　ところで、「企業には人権を尊重する責任がある」といっても、
ではどのような「人権」を尊重することが求められているのでしょ
うか。この点、「指導原則」は次のように説明しています（原則12）。
これもとても重要な部分です。

> 　人権を尊重する企業の責任は、国際的に認められた人権に
> 拠っているが、それは、最低限、国際人権章典で表明されたも
> の及び労働における基本的原則及び権利に関する国際労働機関
> 宣言で挙げられた基本的権利に関する原則と理解される。

　第1章でみたように、「国際人権章典」は、**世界人権宣言**と2つ
の**国際人権規約**、つまり「**経済的、社会的及び文化的権利に関する
国際規約**」（社会権規約）と「**市民的及び政治的権利に関する国際規
約**」（自由権規約）のことです。この3つの人権基準と、「労働にお
ける基本的原則及び権利に関する国際労働機関宣言」に挙げられた、
いわゆる**ILO中核的労働基準**に基づくことが「指導原則」で最低限
求められているわけです。

　さらに言えば、「国際連合文書は先住民族、女性、民族的または
種族的、宗教的、言語的少数者、子ども、障害者、及び移住労働者

とその家族の権利を一層明確にしている」として、「追加的な基準を考える必要」も指摘されています（原則12の解説）。

　第1章でみたように、人権はすべての人に認められている「権利」の集まりなのでした。人権デュー・ディリジェンスでも、具体的に「誰の」「どのような」権利が侵害されることになるのか、という視点から考えることが大切になります。

　ハラスメントの例でいうと、被害者が心身の不調をきたしてしまったら「健康への権利」が、まともに働けなくなってしまったら「労働の権利」が問題になるでしょう。人権の基礎にある「人間の尊厳」が否定されてしまっているという視点も重要です。

　こうして、「指導原則」に基づいて企業が人権尊重の取り組みを進める際にも、第1章で述べたような人権の共通理解が、そして「権利にさかのぼって、あるいは権利に分解して捉える」ことが重要になります。

「指導原則」後の「ビジネスと人権」

　「指導原則」が出された2年後の2013年、バングラデシュで縫製工場の入ったビルの大規模な崩落事故が起こります。壁に入った亀裂から崩壊の危険が指摘されていたにもかかわらず、身の危険を感じていた労働者たちを仕事につかせて操業を続け、1100人を超える人々が犠牲になったこの事故は、「ラナ・プラザビル崩落事故」として世界に衝撃を与えました。

　背景には、こうした労働安全の軽視とともに、低賃金や長時間労働などの過酷な労働実態があったと言われます。加えて、このビルの工場に生産を委託していたのが欧米のアパレルメーカーであったことから、企業のサプライチェーン上の労働の問題があらためて大きく問われることになりました。

　その2年後の2015年にドイツで行われたG7エルマウ・サミッ

トの首脳宣言は、このラナ・プラザビル崩落事故に言及しながら、G7として「指導原則」を支持し、各国政府には人権を保護するための国別行動計画の策定をあらためて求めました。日本語訳で1600字近くになる**「責任あるサプライチェーン」**という部分です。これだけのボリュームでこうしたテーマが取り上げられること自体が、G7サミットの首脳宣言としては画期的なことでした。外務省のウェブサイトでぜひ読んでいただきたい部分です。

　こうした言及は、その後のG7サミットやG20サミットでも続くことになります。つまり、この「責任あるサプライチェーン」の問題や「ビジネスと人権」をめぐる問題の重要性は国際社会の常識になっているといっても過言ではないのです。2015年のSDGsもまた、「指導原則」の影響力が広がってきた、こうした流れのなかにありました。

　このほか、先にコラムで紹介したISO26000やOECD多国籍企業行動指針でも「指導原則」に沿った記述がなされており、GRIのサステナビリティ・レポーティング・スタンダードでも「指導原則」の参照が求められています。CSRの議論のなかでも「指導原則」の影響には非常に大きなものがあります。

　また、「指導原則」自体は法的拘束力を持つものではありませんが、「英国現代奴隷法」「フランス人権デュー・ディリジェンス法」「オーストラリア現代奴隷法」「オランダ児童労働デュー・ディリジェンス法」、また最近ではドイツやEUでも同様の法制定の動きがあるなど、各国・地域レベルでの法制化の展開が見られます。おおむねそこでは、一定の範囲の企業に人権デュー・ディリジェンス等の実施や取り組みの開示を求める内容が含まれています。

　こうした世界的な動きを背景に、日本の、とくに大企業の間でも、「指導原則」に沿った取り組みを目指すところが増えてきています。まず「人権方針」で基本的な考え方を示し、人権デュー・ディリジェ

ンスの仕組み、さらには苦情処理メカニズムなどの救済の仕組みを
つくろうとする動きです。2020年7月〜8月に行われた日本経団連
の「第2回企業行動憲章に関するアンケート調査」では、34%の企
業が「指導原則に即して取り組みを進めている」と回答しています。

Q15 Point

- 20世紀後半から企業活動による人権侵害が世界中で問題になって
  きましたが、それを解決しようとする動きのなかで2011年に国
  連人権理事会で承認されたのが「ビジネスと人権に関する指導原
  則」です。
- 「指導原則」は、「国家の人権保護義務」「企業の人権尊重責任」「救
  済へのアクセス」の3つの柱から構成されており、企業には、人
  権尊重責任を果たすため、世界人権宣言などの「国際的に認めら
  れた人権」に基づいた「人権デュー・ディリジェンス」の実施が
  求められています。
- 「指導原則」の影響力は非常に大きく、G7サミットやG20サミッ
  トの場で言及されてきたほか、最近では各国・地域レベルで、一
  定の範囲の企業に人権デュー・ディリジェンス等の実施や取り組
  みの開示を求める法整備が進んでいます。

Q16

国の行動計画は
SDGs とどう関係するのですか？

行動計画とSDGs

「指導原則」後の動きの１つに、「**国別行動計画**（National Action Plan）」の策定があります。これは「指導原則」を国ごとに実施していくために国連が策定を求めたもので、2021年10月現在、26（企業に関する内容以外も含めた全体的な行動計画に「ビジネスと人権」も含まれているものを合わせると29）の国が行動計画をつくっています。

日本政府も、約４年間の策定プロセスを経て2020年10月に国別行動計画を策定しました。正式には「『ビジネスと人権』に関する行動計画（2020-2025)」（以下「NAP」）といい、2025年には改定が予定されています。

NAPでは、SDGsと人権について、国連の文書を引用しながら次のように述べられています。──「政府としては、SDGsの実現と人権の保護・促進は、相互に補強し合い、表裏一体の関係にあると考える。政府は、本行動計画の策定を、SDGsの実現に向けた取組の一つとして位置付けて」おり、「行動計画の実施を通じて、『誰一人取り残さない』持続可能で包摂的な社会の実現に寄与することを目的とする」

NAPのポイント①：国の政策文書

NAPのなかで最も分量が多い「分野別行動計画」の部分では、58項目の「今後行っていく具体的な措置」が、担当する府省庁名とともに記述されています。

具体的には、まず「横断的事項」として、「労働（ディーセント・ワークの促進等）」「子どもの権利の保護・促進」「新しい技術の発展に伴う人権」「消費者の権利・役割」「法の下の平等（障害者、女性、性的指向・性自認等）」「外国人材の受入れ・共生」のそれぞれの「措置」が記述されています。

　さらに、「人権を保護する国家の義務に関する取組」「人権を尊重する企業の責任を促すための政府による取組」「救済へのアクセスに関する取組」という構成で、指導原則の「保護・尊重・救済」の３つの柱ごとに関連する「措置」が記述されています。

　「措置」というのは、解決すべき具体的な問題があって、その問題の認識のもとに策定された解決のための方策、といった意味ですが、NAPにはこうした「措置」が国の政策として記述されていることがまず重要なポイントです。国連ビジネスと人権に関するワーキンググループの「ビジネスと人権に関する国別行動計画の指針」でも、NAPは「国連ビジネスと人権に関する指導原則に適合するかたちで、企業による人権への負の影響から保護するために国家が策定する、常に進化する政策戦略」と定義されています。

　具体的には、国が政策として「指導原則」を実施していくにあたり、その３つの柱のうち「国家の人権保護義務」と「救済へのアクセス」についての行動計画を定めたものがNAPです。「企業の人権尊重責任」については、それを国がどう促進し、支援するのか、が書かれています。「分野別行動計画」の項目設定で「人権を尊重する企業の責任を促すための政府による取組」と表現されているのはこのためです。

　したがって、企業のやるべきことが直接NAPに書かれているわけではありません。企業に対しては、人権デュー・ディリジェンスの実施などについて、国から企業への「期待」が表明されています。

　この点、企業のやるべきことが書かれていると誤解される場合も

多いため、「指導原則」にさかのぼって、「国家の人権保護義務」の
関連部分（原則３）をみておきましょう。

　　保護する義務を果たすために、国家は次のことを行うべきであ
　　る。
　　a. 人権尊重し、定期的に法律の適切性を評価し、ギャップが
　　　あればそれに対処することを企業に求めることを目指すか、
　　　またはそのような効果を持つ法律を執行する。
　　b. 会社法など、企業の設立及び事業活動を規律するその他の
　　　法律及び政策が、企業に対し人権の尊重を強制するのではな
　　　く、できるようにする。
　　c. その事業を通じて人権をどのように尊重するかについて企
　　　業に対し実効的な指導を提供する。
　　d. 企業の人権への影響について、企業がどのように取り組ん
　　　でいるかについての情報提供を奨励し、また場合によっては、
　　　要求する。

その他のいくつかの原則もみておきましょう。「指導原則」の原
則１から原則10までの「国家の人権保護義務」の部分は読まれるこ
とが少ないのですが、NAPを読み解くうえでも非常に重要です。

　　◎国家は、国家が所有または支配している企業、あるいは輸出
　　　信用機関及び公的投資保険または保証機関など、実質的な支
　　　援やサービスを国家機関から受けている企業による人権侵害
　　　に対して、必要な場合には人権デュー・ディリジェンスを求
　　　めることを含め、保護のための追加的処置をとるべきである。
　　　（原則４）
　　◎国家は、人権の享受に影響を及ぼす可能性のあるサービスを

提供する企業と契約を結ぶか、あるいはそのための法を制定
している場合、国際人権法上の義務を果たすために、しかる
べき監督をすべきである。(原則5)
◎国家は、国家が商取引をする相手企業による人権の尊重を促
進すべきである。(原則6)

　少し難しい表現もありますが、要するに、国の関連機関や、国が
業務委託あるいは調達契約をする企業の行動についても国は対処す
る義務があるわけです。「指導原則」が「国家の人権保護義務」と
して求めているこうした内容に、果たしてNAPが十分に応えてい
るのかどうか、という視点は極めて重要です。
　企業は、NAPの有無にかかわらず、人権尊重責任を果たす必要
があります。その際、NAPに記述されている内容、とくに「分野
別行動計画」を通じて、国の施策としてはどのようなものがあり、
企業との関係はどうなっているのか、といったことを、自社の人権
尊重の取り組みに関連させて理解することができます。
　一方、企業活動から負の影響を受ける、または受ける可能性のあ
る人々を「指導原則」では「権利保持者(ライツ・ホルダー)」と言
いますが、そうした市民の側からは、国の施策の現状を一定程度整
理されたかたちでみることができます。

NAPのポイント②：ギャップ分析

　留意しておくべき2つ目の点は、「分野別行動計画」に並べられ
ている58の「措置」が、必ずしも問題の現状を正確に把握したうえ
で書かれているわけではないということです。
　先ほど述べたように、「措置」とは「解決すべき具体的な問題が
あって、その問題の認識のもとに策定された解決のための方策」で
す。措置が実効性を持つためには、具体的な問題についての認識が

重要になります。

　つまり「負の影響」が及んでいる現実の問題を洗い出し、その解決のために現状の施策は有効で十分なものであるかどうかの検討が必要です。これを「**ギャップ分析**」または「**ギャップの特定**」といいます。

　2018年に行われた「ベースラインスタディ」（現状把握調査）では、各省庁の施策の整理は行われましたが、その報告書の表現を借りれば、「既存の国内法・規則・政策等により、企業活動の人権保護がどこまで担保できているのか」の「デスク・レビュー」の調査のみで、ギャップ分析は行われませんでした。併行して行われた10回の「意見交換会」も、ギャップの特定には不十分であったと言わざるをえません。

　その後もギャップ分析が明確に行われることはなく、NAPの策定に至りました。したがって58の「措置」も、現状の施策を「引き続き」行うとされているものが非常に多くなっています。ちなみに、NAPには５項目の「優先分野」も示されていますが、これもギャップ分析に基づいたものではありません。

　ギャップ分析に関連して「指導原則」は次のように述べています（原則３の解説）。

　　企業の人権尊重を直接的または間接的に規制する現行法が執行されないことは国家慣行上の著しい法的ギャップである。それは、差別禁止法や労働法から、環境、財産、プライバシー及び腐敗防止に関する法にまで及ぶ。したがって、国家は、そのような法律が、現在、実効的に執行されているか、もし執行されていないのであればなぜそのような事態に至ったのか、どのような措置をとれば状況がそれなりに改善するのかについて考察することが重要である。

問題の解決のためにギャップ分析は極めて重要なものです。政策形成の基本でもあるギャップ分析がないままでは、NAPの有効性に疑問が生じることになります。また「指導原則」に基づいていないことにもなり、NAPの信頼性も揺らいでしまいます。

　NAPは常に新しく見直されるべき「リビング・ドキュメント」であり、継続的に改定されていくものです。今後の改定プロセスのなかで、ギャップ分析をどのように行っていくかが課題となるでしょう。

　「措置」の実施にあたっては「**政策の一貫性**」ということも重要です。「政策の一貫性」とは、「『指導原則』に基づいた国家の人権保護義務の実施という考え方のもと、国及び自治体の認識と措置の実施が首尾一貫している」ということです。NAPでも「政府においては、関連する政策の一貫性を確保し、関係府省庁間の連携を強化することで、それら政策の効果を一層高めることを目指すべきと考える」と重視されています。

　多くの関係省庁が関与するなか、「『指導原則』に基づいた国家の人権保護義務の実施」という点と、「国及び自治体の認識と措置の実施の首尾一貫性」という点の両面において、実際に「政策の一貫性」が確保されていくのかどうかが今後問われていきます。

　この「政策の一貫性」をはじめ、NAPの冒頭には総論的に非常に重要なことも多く書かれています。策定プロセスでのさまざまな意見や、二度にわたるパブリックコメントに出された多くの意見が、一定程度は反映された結果でもあります。こうした内容が、「分野別行動計画」で並べられている「措置」の実施において本当に実現されるのか、どう実現されるのかも、NAPの有効性を見極める重要な視点です。

NAPの今後とSDGs

第1章では人権保障に関わる国の義務についての議論を紹介しましたが、NAPは本来、この国の義務を「ビジネスと人権」の視点から政策文書のかたちで整理してあらためて確認するものです。

日本のNAPでは、その整理はなお不十分なものにとどまっていますが、施策の現状が一定程度整理され、また政府内及び日本社会のなかで「ビジネスと人権」に関する認知度が高まり、「共通言語」がつくられる一つの機会になったという意味では、今後の議論につながる積極的な意義を見いだすこともできます。

NAPの策定プロセスには、産業、労働、法曹、消費者、市民社会の各界の関係団体や国際機関などが「ステークホルダー団体」として参画し、2019年からは「諮問委員会」「作業部会」という会議体で議論がなされました。NAPは国の政策文書ですが、政府内だけでつくるのではなく、こうして政府以外の社会のさまざまなステークホルダーと協議しながら策定し、改定していくことが非常に重要です。

2020年10月にNAPが公表された翌月には、その「諮問委員会」と「作業部会」のメンバーからコメントが出されました。「諮問委員会」メンバー一同によるコメントでは、「行動計画の本来の趣旨に鑑みれば、残された課題はなお多く、実施、モニタリング、改定のプロセスにおいて、行動計画の実効的な実施とさらなる改定により、行動計画が真に課題の解決に資するものとなっていくことを願ってやみません」と今後に向けた展望が示されています。

策定プロセス終盤の2019年11月と2020年6月には、作業部会メンバー一同から、「企業情報の開示」「外国人労働者」「人権デューディリジェンス及びサプライチェーン」「公共調達」「救済へのアクセス」の5分野について、さらには実施・モニタリング・改定プロセスと

新型コロナウイルス感染症への言及について、「**ステークホルダー共通要請事項**」も公表されています。産業、労働、市民社会など立場の異なるステークホルダー間のこうした連携の試みは特筆すべきものです。

　こうした動きを背景に、5年後の改定に向けたプロセスのなかで、政府とステークホルダーとの協議がますます重要になっていくでしょう。NAPのなかでも「関係府省庁とステークホルダーとの間の信頼関係に基づく継続的な対話」の仕組みをつくる旨が示されています。

　その仕組みとして、2021年7月には「ビジネスと人権に関する行動計画推進円卓会議」の第1回会合が開催されました。この円卓会議が、「NAPガイダンス」に述べられているような内実を有するものになっていくかどうかも、今後問われていくでしょう。

　NAPが改定される2025年は、SDGs達成の2030年まで「あと5年」になっている時期でもあります。SDGsの「誰一人取り残さない」に関連して「指導原則」は、すべての原則の前提になる「一般原則」のなかで次のように述べています。当然ながら「指導原則」に基づかなければならないNAPでも、この部分が言及されています。

　　　この指導原則は、社会的に弱い立場に置かれ、排除されるリスクが高い集団や民族に属する個人の権利とニーズ、その人たちが直面する課題に特に注意を払い、かつ、女性及び男性が直面するかもしれない異なるリスクに十分配慮して、差別的でない方法で、実施されるべきである。

　この部分を含め、冒頭に引用したように「政府は、本行動計画の策定を、SDGsの実現に向けた取組の一つとして位置付けて」いるのであれば、SDGsの目標とターゲット、そしてその前提にある

「2030アジェンダ」の理念が、NAPが実施されることによって具体的にどう実現されたのかの検証と、そのための指標も必要になっていきます。

　そうしたフォローアップの仕組みづくりも含め、NAPがSDGsの達成に貢献できるかどうか、つまり「行動計画の実施を通じて、『誰一人取り残さない』持続可能で包摂的な社会の実現に寄与する」というNAPに書かれている目的が実現できるかどうか、すべては今後にかかっています。

Q16 Point

● 2011年の「指導原則」後、それを各国で実施するための「国別行動計画」（NAP）の策定が要請され、日本でも2020年10月に、2025年までの実施内容を示したNAPが策定されました。

●日本のNAPはSDGsの実現に向けた取り組みの一つと位置付けられており、「誰一人取り残さない」包摂的な社会の実現にNAPも寄与することが求められています。

● NAPは国の政策文書であり、本来、国の人権保護義務と国の行う救済措置が記述されるもので、企業の人権尊重責任については、企業の取り組みを国がどう促進・支援するのか、ということが書かれています。

●企業活動による「負の影響」を分析し、その解決のために現状の施策が有効で十分であるかどうかを検討する「ギャップ分析」が十分になされていないなど、現状のNAPには多くの問題が含まれています。

Q17

そもそも企業活動とSDGsは どう関係するのですか？

プラスの影響を目指すSDGsの取り組み

これまで、「企業活動と人権」「ビジネスと人権」、そして「国の行動計画」といった少し広い視点から考えてきました。ここからは、この本のテーマであるSDGsに関連させて考えていきます。

この章の冒頭では企業のバリューチェーンについて説明しました。企業の生産活動のために必要な部品、素材やエネルギーなどがサプライチェーンから供給され、そしてモノやサービスが生産され、消費されるまでの全過程をバリューチェーンというのでした。そして、このバリューチェーンには数えきれないほど多くの人が関わっており、その人々に企業活動が影響を及ぼしていることもみてきました。

ここでは、この人への「影響」の観点から、企業活動とSDGsはどう関係しているのかをあらためて考えていきます。

自治体や学校と並んで、企業でもSDGsの認知や取り組みの広がりには顕著なものがあります。企業のウェブサイトでは、企業規模にかかわらず、SDGsへの貢献を掲げた内容が多くみられます。発行されているSDGs関連の書籍も企業をターゲットにしたものが多いです。

2018年から、政府により「ジャパンSDGsアワード」が展開されています。自治体やNPOなどのほか、大企業から中小企業まで多くの企業が参加してきており、アワードのウェブサイトでは受賞した団体のさまざまな取り組みが紹介されています。

第1章で説明した「普遍性」「包摂性」「参画型」「統合性」「透明

性と説明責任」という「2030アジェンダ」に掲げられた基本理念が、このアワードでの評価基準となっていることも重要な点です。

　こうした企業の取り組みの多くは、企業活動に関係する人への「影響」の観点から考えると、人に対してプラスの影響を及ぼそうとするものと理解することができます。

　少し話は飛びますが、「2030アジェンダ」には、地球と社会の深刻な「危機」は、一方でさまざまな課題を解決する「機会」なのだと述べているところがあります（パラグラフ15）。Q2で紹介した、社会と環境の深刻な「危機の認識」のすぐ後に続く部分です。

> 　しかしながら、大きな**機会**の時でもある。多くの開発の課題に対応するために重要な進展があった。過去の世代において、数百万人の人が極度の貧困から脱した。教育へのアクセスは少年少女いずれに対しても大きく増加した。情報通信技術（ICT）の普及による世界の相互的つながりは、人間の進歩を加速させ、デジタルデバイドを埋めて知識社会を発展させる大きな**潜在力**を持っている。医学やエネルギーのように多様な幅広い分野において科学技術イノベーションが持つ潜在力もまた同様である。

SDGsの課題の達成のための「潜在力」を持っているのは、SDGsに合意した国々であるとともに企業でもあります。企業は多くの課題を解決する「機会」を捉えてSDGsの達成に貢献することができます。それは、人々が直面する多くの課題を解決に向かわせる、つまり人に対してプラスの影響を及ぼすということでもあります。

　一方、「2030アジェンダ」には企業に関してまとまって言及した部分があります。そこでは次のように述べられています（パラグラフ67の前半部分）。

民間企業の活動、投資、イノベーションは、生産性を高め、包摂的な経済成長と雇用創出を進める重要な要因である。我々は、小企業から協同組合、多国籍企業までを含めた民間セクターの多様性を認識している。我々は、すべての企業に対し、持続可能な開発における課題解決のために**創造性とイノベーション**を発揮することを求める。

　ここでは、SDGsのさまざまな目標の達成、つまり環境や社会のさまざまな課題の解決のためには、業態や規模の大小を問わず企業の活動は非常に重要なものであり、「創造性とイノベーション」を発揮して協力してください、と求めています。

　国連は国の集まりですから、課題の達成にまず責任があるのは国です。しかし同時に、民間企業にも協力を呼びかけているわけです。

　日本でも多くの企業がSDGsに関心を寄せ、個々の事業内容をSDGsの17目標に関連づけたり（「マッピング」といわれます）、経営計画にSDGsを位置付けたりするなど、さまざまな取り組みを進めています。

　先ほども紹介した日本経団連の「第2回企業行動憲章に関するアンケート調査」（2020年）では、65％の企業が「事業活動をSDGsの各目標にマッピング」している、42％の企業が「経営への統合（ビジネス戦略にSDGsを組み込む）」に取り組んでいる、と回答しており、その割合は2年前の前回調査から大幅に伸びています。

企業に求められているもう一つの視点

　ところで、「創造性とイノベーション」を発揮して協力してください、と企業に呼びかけている「2030アジェンダ」のパラグラフ67では、すぐに続けて次のように書かれています。人権の視点から「企業とSDGs」を考えるときに、とても重要な部分です。

我々は、ビジネスと人権に関する指導原則、ILOの労働基準、子どもの権利条約、及び多国間の主要な環境関連協定等の締約国において、これらの国際的な基準、協定や関連する取り組みに従って労働者の権利や環境、保健に関する基準を遵守しながらダイナミックかつ十分に機能する企業セクターを促進する。

SDGsには、貧困、飢餓、保健、教育、ジェンダー、労働、水、生産と消費、エネルギー、気候変動など多くの課題が掲げられていたのでした。パラグラフ67では、これらの「SDGsの課題解決のために創造性とイノベーションを発揮してください」と企業に呼びかけたのに続けて、しかし同時に、人権や労働、環境に関する国際基準を遵守しながら取り組むような企業を我々は促進する、と述べています。

　「我々」つまり国連でSDGsに合意した国々が促進する、と言っているわけですが、逆に言えば企業には、人権や労働、環境に関するさまざまな基準をしっかり遵守しながら、SDGsの達成に貢献することが求められているということです。

　もう一つ、2017年1月の世界経済フォーラム（いわゆる「ダボス会議」）年次総会の場で発表されたレポート「より良きビジネス、より良き世界（Better Business, Better World）」も紹介しておきましょう。

　このレポートは、公的機関や民間団体からなる「ビジネスと持続可能な開発委員会」が、SDGs達成のビジネスへの影響を調査研究してまとめたものとされています。各企業、世界経済にとって魅力的な成長戦略が必要で、企業がSDGs目標を実現する市場機会を獲得する必要があるといった視点から、「食料と農業」「都市」「エネルギーと原料」「健康と福祉」の4つの経済領域を調査対象としたレポートになっています。

　そのレポートの冒頭の「概要」部分に次のようなくだりがありま

す。

　　グローバル目標を達成することで、委員会が検討した４つの
　経済システムにおいて**12兆ドルの市場機会**がもたらされます。
　そのシステムとは食料と農業、都市、エネルギーと原料、そし
　て健康と福祉のことです。これらは実体経済の約60％を占めて
　おり、グローバル目標を達成するうえで重要になります。これ
　らの機会を十分に捉えるには、市場シェアと株主価値を熱心に
　追求するのと同様に、企業は**社会的および環境的な持続可能性**
　を追求する必要があります。多くの企業が私たちと共にこのよ
　うに行動すれば、抑えがたい力になるでしょう。そうしなけれ
　ば、持続不可能な開発のコストと不確実性が増大し、**ビジネス
　を実行できる世界がなくなるでしょう**。

　ビジネスチャンスともなる「12兆ドルの市場機会」という数字が、
これを機会によく語られるようになりました。４つの領域以外も含
めると数字はさらに大きくなるはずです。
　しかし、最後の部分の「社会的および環境的な持続可能性を追求
しなければ、ビジネスを実行できる世界がなくなるでしょう」の部
分が顧みられないままに、「12兆ドル」だけが「独り歩き」してい
たとすればどうでしょう。
　「より良きビジネス、より良き世界」のこの部分は、先ほどの
「2030アジェンダ」パラグラフ67の後半部分と同じような重い意味
を持っています。
　「社会的および環境的な持続可能性の追求」にはもちろん人権の
尊重も含まれています。パラグラフ67ではそのことを、「国際的な
基準、協定や関連する取り組みに従って労働者の権利や環境、保健
に関する基準を遵守しながら」というかたちで求めていたのでした。

先ほど、SDGsに関する企業の取り組みの多くが、人に対して「プラスの影響」を及ぼそうとするものだと述べました。

　一方、パラグラフ67でも具体的に言及されている「指導原則」は、人権への「負の影響」に着目し、それを防止・軽減しようとするものでした。この「負の影響」は「マイナスの影響」と言ってもいいでしょう。

　「2030アジェンダ」のパラグラフ67と「より良きビジネス、より良き世界」の叙述からわかることは、「プラスの影響」を及ぼす取り組みも重要だけれども、SDGsに貢献するためには、一方で「マイナスの影響」への視点と取り組みも欠かせない、ということです。

　この「プラス」と「マイナス」は、実際にはそれほど単純な話ではないのですが、企業活動とSDGsの関係を考えるために、ここではあえて図式的に「プラス」と「マイナス」として捉えておきましょう。この点、次のQ18で、あらためて考えていきます。

Q17 Point

◉SDGs の達成に向けた企業の取り組みの多くは、危機の時代を逆に機会と捉え、人に対して「プラスの影響」を及ぼそうとするものだと考えることができますが、同時に「マイナスの影響」への視点も不可欠です。

◉「2030 アジェンダ」のパラグラフ 67 では、企業に対して、「創造性とイノベーション」を発揮して SDGs の達成のために協力すると同時に、人権や労働、環境に関する国際基準を遵守することを求めており、人権の観点からは後者がとくに重要になります。

Q18

人権の視点から企業が SDGs に取り組むとは どういうことですか？

「SDGsに取り組む」とは？

　SDGsの影響は大きく、企業によっては従来のCSRをSDGsと言い換えたりする例さえ見られます。企業以外の一般の人からみれば、ある意味わかりにくい状況なのかもしれません。

　また「SDGsに取り組む」「SDGsを導入する」といった言い方がされる場合もあります。このQ18の表題でも、あえてそうした言い方に沿って、「企業がSDGsに取り組む」と表現しています。

　企業の関係者がSDGs関連のセミナーなどに参加すると、何か新しいことを始めないといけない、まわりもやっている、……といったある種の焦燥感にとらわれる場合もあるかもしれません。

　これは、ある意味うなずけることではあります。先に引用した「2030アジェンダ」パラグラフ15の表現を借りれば、いまの世界の危機的な状況は、企業が潜在力を生かして貧困や教育などさまざまな課題の解決に貢献できる「大きな機会」でもあります。

　「機会」はすなわちビジネスチャンスでもあります。「創造性とイノベーション」を発揮して、さまざまな課題を解決するために何ができるかを考え、場合によっては新規事業を立ち上げて、ビジネスとしても成功させようとすることは当然の流れでしょう。

　先ほどの「プラス」と「マイナス」の図式から考えると、マイナスの状態になっているさまざまな課題を捉え、それを何とか解決するために「プラスの影響」を及ぼそうとしているわけです。

　しかし、「SDGsに取り組む」という場合、必ず「何か新しいこと」

を始めなければならないわけではありません。いま継続している事業活動そのものを、SDGsの視点から問い直すことも、非常に重要なのです。

　つまり、「SDGsに取り組む」のではなく、問い直しながら「事業活動に取り組む」、仕事をしている一人ひとりの日常感覚に沿った言い方をすれば、問い直しながら「仕事に取り組む」ことが大切だと言えるでしょう。こうした発想をすることによって、SDGsを担当する部門、あるいは関連しそうな特定の部門だけでなく、あらゆる部門の一人ひとりの課題として社内に浸透させていくことも可能になるはずです。

　ただその際、従来どおりの仕事の「やり方」ではなく、「2030アジェンダ」の基本理念を踏まえながら、SDGsで求められている課題を解決するような「やり方」で仕事に取り組むことが大切になります。これが「問い直す」ということです。「何か新しいこと」を始めるより、日々取り組んでいる事業活動を社会と環境にとって持続可能なものに変えていくことのほうが、「プラスの影響」が大きい場合も多いのです。

　こうしたことは人権に関してより重要になります。「問い直す」ことは、あらゆる事業活動の人権への「負の影響（マイナスの影響）」を洗い出し、その可能性があれば、それを「防止」「軽減」するという、「指導原則」で求められていることでもあるからです。

　たとえば、自社のサプライチェーンの先で働く人々は過酷で劣悪な労働実態にあるかもしれない、あるいは、自身の仕事上の言動がハラスメントになっているかもしれない、……もしそうであれば「防止」「軽減」しなければならない、ということです。

　関連して、先に少し触れたいわゆる「マッピング」にも注意が必要です。「マッピング」で個々の事業活動の内容をSDGsの17目標に関連づける際、都合のいい内容だけを関連づけてしまう場合があり

ます。これを「チェリーピッキング」と言いますが、この点をもう少し詳しく考えておきましょう。

「チェリーピッキング」と「SDGsウォッシュ」

「**チェリーピッキング**（cherry picking）」は一般に、自分に都合のいいことだけを恣意的に選んで主張すること、といった意味で、「いいとこ取り」と簡潔に訳される場合もあります。

SDGsに関連して、グローバル・レポーティング・イニシアティブ（GRI）と国連グローバル・コンパクトによる「SDGsを企業報告に統合するための実践ガイド」は、「チェリーピッキング」を「SDGsウォッシュ」とともに次のように定義しています。

> 「チェリーピッキング」は、優先順位が最も高いものは何かということよりも、企業にとって最も安易なものは何かということに基づいて目標とターゲットを選ぶことである。「SDGsウォッシュ」は、グローバル目標へのポジティブな貢献をレポートする一方で、重要なネガティブな影響を無視してしまうことである。楽に勝って利益を生み出すことは一貫した戦略の一部だとしても、一方で、企業が事業活動とバリューチェーンに関連する優先的なSDGsのターゲットの全範囲を特定し、行動することも不可欠である。

この「実践ガイド」では、こうした「チェリーピッキング」と「SDGsウォッシュ」を避けなければならないと指摘しています。「マッピング」が安易なチェリーピッキングになってしまうと、本来、企業が市民・消費者や取引先企業、投資家などから信頼を得るための情報開示が、逆に信頼を得られないものになってしまいます。

「プラス」と「マイナス」の図式に立ち返ると、「楽に勝って利益

を生み出すこと」を優先するあまり、往々にして「プラス」面だけを取り上げがちだけれども、本来「マイナス」面もしっかり取り上げるべきだ、ということです。

　このことは、人権の観点からも非常に重要です。「マイナス」面を避けて取り上げないことで、実際には「負の影響」を受けているのに、取り残してしまう人々が出てくるからです。このことがSDGsの「誰一人取り残さない」と矛盾することは言うまでもありません。

　「SDGsウォッシュ」の定義では、同様のことを別の視点から示しています。

　「SDGsウォッシュ」は比較的広く語られており、聞かれたことのある方も多いかもしれません。もともと、「ごまかし」や「見せかけ」という意味の「ホワイトウォッシュ」から、実際には環境保全に役立たない製品やサービス、あるいは企業の取り組みを、さも環境保全に役立つように見せかけることが「グリーンウォッシュ」であると批判されてきたことが、SDGsでも語られるようになったものです。

　SDGsの場合、事業活動のなかでは何もしていないのにSDGsバッジだけを胸につけているような場合に、それがSDGsウォッシュであると言われることもあります。間違いとは言えませんが、上記の定義によれば、より厳密には、ある目標・ターゲットに取り組んで「ポジティブ」な貢献をする一方で、それが別の目標・ターゲットからは「ネガティブ」な影響になってしまうような場合に、前者のみを取り上げてSDGsに取り組んでいると主張することをいいます。

　たとえば、資源を節約し、気候変動を抑制するためのエネルギー関連施設を建設した場合に、他方で地域住民に騒音や悪臭などの悪影響を及ぼしてしまうようなケース、また、そこでの労働の実態が過酷で劣悪な状態であるようなケースです。

こうした状態は目標・ターゲット間の「トレードオフ」とも言われ、もともと、「2030アジェンダ」の基本理念の一つである「統合性」は、こうしたことを避けるべきだとしているものです。

「ポジティブ」と「ネガティブ」は、先ほどの図式で言えば「プラス」と「マイナス」とも捉えることができます。SDGsウォッシュは、人権の視点からは、チェリーピッキングと同様、人権への「負の影響（マイナスの影響）」を取り上げない、見逃してしまう、ということにもなります。SDGsウォッシュの指摘は、人権の視点からSDGsを考え、取り組もうとする際に重要な点を提起しています。

人権の視点から企業がSDGsに取り組むとは？

「人権の視点から企業がSDGsに取り組む」とは、結局どういうことなのでしょうか。「SDGコンパス」を紹介しながら、最後にまとめておきましょう。

グローバル・レポーティング・イニシアティブ（GRI）、国連グローバル・コンパクト、持続可能な開発のための世界経済人会議（WBCSD）が発行した「**SDGコンパス–SDGsの企業行動指針**」は、企業向けのSDGsガイダンスとして、おそらく日本で最もよく参照されているものの一つでしょう。

そのなかでは、SDGsに取り組む際の大きな枠組みとして、「5つのステップ」（「SDGsを理解する」→「優先課題を決定する」→「目標を設定する」→「報告とコミュニケーションを行う」→「経営へ統合する」）が解説されています。

よく紹介される枠組みですが、この1つ目のステップである「SDGsを理解する」には、「企業の基本的責任」という部分が含まれています。なぜか言及されることの少ない、しかし人権の視点からはとても重要な部分です。そこには次のように書かれています。

企業の規模、業種、操業地域にかかわらず、すべての企業が関連法を遵守し、国際的に定められた最低基準を維持し、普遍的な権利を尊重する責任を有するという認識の上にSDGコンパスは成り立っている。

　国連グローバル・コンパクトの人権原則に組み込まれ、国連ビジネスと人権に関する指導原則で再確認され、精緻化されたように、**企業が人権を尊重することは、企業が人権の支持または促進に尽力することとはまったく別のものである。**すべての企業に期待されていることの基本は、人権侵害を回避すること、つまり、自らの活動を通じて関与した、あるいは取引関係の結果として関与したいかなる人権への危害にも対処することである。このことの責任は、**人権を促進しようとするどのような尽力とも、あるいは持続可能な開発を進めるどのような尽力とも、相殺することはできない。**

　「国連グローバル・コンパクトの人権原則」とは、「企業は、国際的に宣言されている人権の保護を支持、尊重すべきである」（原則1）と「企業は、自らが人権侵害に加担しないよう確保すべきである」（原則2）をいいます（これ以外に、労働に関する原則である「結社の自由と団体交渉権の承認」「強制労働の排除」「児童労働の実効的な廃止」「雇用と職業の差別撤廃」も国連グローバル・コンパクトには含まれています）。

　「企業の基本的責任」のなかで言われている「人権の支持」とは、たとえば企業が世界人権宣言に賛意を示し、遵守しますと表明する場合などをいいます。そして「人権の促進」とは、人権、つまりすべての人が生まれながらにして持っている権利がより実現されるように取り組むこと、たとえば（先に引用した「2030アジェンダ」パラグラフ15の表現を借りれば）ICTや科学技術イノベーションの潜在力

を生かして貧困状態を解消したり、教育へのアクセスを改善したりすることで、人権に「プラスの影響」を及ぼすような取り組みを行うことです。

　称揚されこそすれ、けっして否定されるべきものではないそうした貴重な取り組みは、しかし、企業が人権を尊重することとは「まったく別のもの（distinct）」であり、いくら「人権の促進」やSDGs達成のための取り組みに尽力していても、「相殺することはできない」とされています。

　つまり、いくら「プラス」になるようなことをしていても、別のところで「マイナス」になるようなことをしていてはだめなんです、と言っています。「別のところ」でそうならないためには、事業活動全体を「問い直す」必要があることは、すでに述べたとおりです。

　また、実際には「負の影響」を受けているのに、取り残してしまう人々が出てくるからだめなんです、ということも、「チェリーピッキング」と「SDGウォッシュ」のところでみたとおりです。

　ちなみに、この「相殺（offset）」は「指導原則」にも書かれています。「企業は人権を尊重すべきである。これは、企業が他者の人権を侵害することを回避し、関与する人権への負の影響に対処すべきことを意味する」という「企業の人権尊重責任」の最も基本となる原則11の「解説」で、次のように述べられています。

　　　企業は、人権を支持し促進するため、権利の享受に貢献するような諸々のコミットメントや活動に取り組むこともできよう。しかし、このことは、事業を通して人権を尊重することを怠った場合にこれを相殺するものではない。

「人権の視点から企業がSDGsに取り組む」とは、一言で言えば、日々のあらゆる事業活動を、人権にマイナスの影響を及ぼさないよ

うに「問い直す」ことだと言えます。

　SDGsはどこにいったの？と思われるかもしれません。しかし、SDGsと関係しない事業活動はないと言っても過言ではありません（たとえば企業には例外なく働く人がいて、SDGsの労働に関する複数のターゲットと必ず関係しています）。したがって、SDGsから発想するのではなく、あくまで事業活動のあり方を問い直すことから発想すべきなのです。そのことが、「チェリーピッキング」や「SDGsウォッシュ」を防ぐことにもつながります。

　この「問い直す」ことは、「指導原則」で求められていることでもあります。つまり、あらゆる事業活動に直接・間接に関係する人々の人権に「負の影響（マイナスの影響）」を及ぼしていないか（つまり人権を侵害していないか）を洗い出し、その可能性があれば、それを防止・軽減し、実際に負の影響を及ぼしていれば、その人権侵害状態から救済する必要がある、ということなのです。

　だからこそ、「2030アジェンダ」のパラグラフ67でも「指導原則」の実施を求めていたのでした。

　なんだか大変そうな感じがするかもしれません。しかしそれは、人権方針や人権デュー・ディリジェンスの仕組みを社内に作らないと始められないわけではありません。日々の仕事を「問い直す」ことは、いますぐにでも始めることができます。

　あるいは、よく考えてみると、たとえばハラスメントへの対応や長時間労働の是正、消費者の安全と健康の確保など、部分的にはすでに取り組んでいることなのかもしれません。いま求められているのは、そこからさらに進めて、あらゆる事業活動を見渡して問い直し、人権を尊重する取り組みを行っていくことなのです。

　事業活動は、一人ひとりの日々の仕事でもあります。相手の状況を考慮することなく発した言動がハラスメントになってしまうこともあります。隣で働いている同僚、対応しているお客様、取引先の

商談相手が、すぐにはわからない何らかの障害を持った人なのかもしれません。あるいは性的マイノリティである場合もあるでしょう。個々の仕事の日常は、人の尊厳と人権を考えるべき場面にあふれています。そして、そうした場面は、サプライチェーンの先で働く人々の日常、そのまわりの地域社会で生きる人々の日常にもつながっていきます。

そうした日常のさまざまな場面で、人権に負の影響を及ぼす「可能性」に気づき、仕事を「問い直す」ことのできる従業員を育むことは、ひいては組織への信頼を高め、企業価値を高めることにもつながっていくはずです。そして、そうした日常の仕事の地道な問い直しが、SDGsの達成にもつながっていきます。

その際、第1章で考えたような「人権の共通理解」がやはり大切であることも、強調しておきたいと思います。事業活動を人権の視点から「問い直す」ためには、具体的に誰の、どのような人権に「負の影響」を及ぼすことになるのかを考えることが不可欠であり、人権の共通理解がないと、その第一歩が踏み出せないからです。

「プラス」と「マイナス」の図式を手がかりに、「プラス」で「マイナス」を相殺することはできないことにも触れながら、ここまで考えてきました。最後に、実は「プラス」と「マイナス」はものごとの両面であることにも触れておきましょう。「プラス」と「マイナス」は、実際にはそれほど単純な話ではない、とQ17の最後に述べましたが、そのことの説明でもあります。

国連ビジネスと人権に関するワーキンググループは、2017年に「持続可能な開発におけるビジネスと人権の側面」と題して、政府と企業に向けた10の勧告を公表していますが、その7番目の勧告で次のように述べています。

7. SDGsに貢献しようとするビジネス戦略は人権デュー・ディリジェンスにとって代わることはできず、〔逆に〕しっかりした人権デュー・ディリジェンスが持続可能な開発を可能にし、それに貢献する。

　たとえば、ある企業がその事業活動によって地域社会の人々の水へのアクセスに悪影響を及ぼす可能性があることを理解している場合、そうした影響を特定して軽減することは、地域社会の人々が経済的な生活を損なわず、それを維持・促進するように権利を享受することに貢献する。同様に、ある企業が、女性に負の影響を及ぼし、職場での差別につながるような雇用のあり方を特定し、それらの害を軽減し是正すれば、持続可能な開発に実際に大きく貢献し、女性が経済活動に参加して利益を得ることができるようになる。

　少し考えてみれば、至極当たり前のことが書かれています。「マイナス」面を漏らすことなく捉えて向き合い、それにしっかりと対処することが、結局は大きな「プラス」の効果をもたらし、SDGsにも貢献することができるわけです。

　「指導原則」の策定に中心的役割を果たしたジョン・ラギーも、2016年11月の国連ビジネスと人権フォーラムの基調講演で同様のことを語っています。そこでは、「人権の尊重は単にネガティブな慣行をやめることであり、ポジティブな貢献をするためのより強い動機付けができない」という考え方は間違っているとされ、「あらゆる人の人権と尊厳の尊重が、持続可能な開発の人に関わる部分のま

★12　この基調講演の日本語訳は、アジア・太平洋人権情報センターのウェブサイトからダウンロードできます。
https://www.hurights.or.jp/archives/newsinbrief-ja/section3/keynote_ruggie_161114j.pdf

さに核心にある」と語られています。

　「プラスの影響」の最大化と「マイナスの影響」の最小化が必要だともよく言われますが、「プラス」と「マイナス」は実はものごとの両面でもあるのです。事業活動がもたらす「マイナスの影響」を「問い直す」ことでSDGsの達成に十分に貢献できること、しかし逆に、「プラスの影響」だけに関心を寄せてしまうと、結局はSDGsにも十分に貢献できないことを、国連ワーキンググループやラギーのことばは教えてくれています。

Q18 Point

- とくに人権に関しては、「SDGs に取り組む」という発想をするよりも、「2030 アジェンダ」の基本理念を踏まえながら、日々の事業活動全体を「問い直す」という発想をすることが重要です。
- 「人権の視点から企業が SDGs に取り組む」とは、日々のあらゆる事業活動を、人権にマイナスの影響を及ぼさないように「問い直す」ことだと言えます。
- 「問い直す」際には「人権の共通理解」がやはり大切になります。

世界人権宣言 （外務省仮訳）

1948年12月10日に国連総会で採択

前文

　人類社会のすべての構成員の固有の尊厳と平等で譲ることのできない権利とを承認することは、世界における自由、正義及び平和の基礎であるので、

　人権の無視及び軽侮が、人類の良心を踏みにじった野蛮行為をもたらし、言論及び信仰の自由が受けられ、恐怖及び欠乏のない世界の到来が、一般の人々の最高の願望として宣言されたので、

　人間が専制と圧迫とに対する最後の手段として反逆に訴えることがないようにするためには、法の支配によって人権保護することが肝要であるので、

　諸国間の友好関係の発展を促進することが、肝要であるので、

　国際連合の諸国民は、国際連合憲章において、基本的人権、人間の尊厳及び価値並びに男女の同権についての信念を再確認し、かつ、一層大きな自由のうちで社会的進歩と生活水準の向上とを促進することを決意したので、

　加盟国は、国際連合と協力して、人権及び基本的自由の普遍的な尊重及び遵守の促進を達成することを誓約したので、

　これらの権利及び自由に対する共通の理解は、この誓約を完全にするためにもっとも重要であるので、

　よって、ここに、国際連合総会は、

　社会の各個人及び各機関が、この世界人権宣言を常に念頭に置きながら、加盟国自身の人民の間にも、また、加盟国の管轄下にある地域の人民の間にも、これらの権利と自由との尊重を指導及び教育によって促進すること並びにそれらの普遍的かつ効果的な承認と遵守とを国内的及び国際的な漸進的措置によって確保することに努力するように、すべての人民とすべての国とが達成すべき共通の基準として、この世界人権宣言を公布する。

第1条　すべての人間は、生れながらにして自由であり、かつ、尊厳と権利とについて平等である。人間は、理性と良心とを授けられており、互いに同胞の精神をもって行動しなければならない。

第2条　1　すべて人は、人種、皮膚の色、性、言語、宗教、政治上その他の意見、国民的若しくは社会的出身、財産、門地その他の地位又はこれに類するいかなる事由による差別をも受けることなく、この宣言に掲げるすべての権利と自由とを享有することができる。

2　さらに、個人の属する国又は地域が独立国であると、信託統治地域であると、非自治地域であると、又は他のなんらかの主権制限の下にあるとを問わず、その国又は地域の政治上、管轄上又は国際上の地位に基づくいかなる差別もしてはならない。

第3条　すべて人は、生命、自由及び身体の安全に対する権利を有する。

第4条　何人も、奴隷にされ、又は苦役に服することはない。奴隷制度及び奴隷売買は、いかなる形においても禁止する。

第5条　何人も、拷問又は残虐な、非人道的な若しくは屈辱的な取扱若しくは刑罰を受けることはない。

第6条　すべて人は、いかなる場所においても、法の下において、人として認められる権利を有する。

第7条　すべての人は、法の下において平等であり、また、いかなる差別もなしに法の平等な保護を受ける権利を有する。すべての人は、この宣言に違反するいかなる差別に対しても、また、そのような差別をそそのかすいかなる行為に対しても、平等な保護を受ける権利を有する。

第8条　すべて人は、憲法又は法律によって与えられた基本的権利を侵害する行為に対し、権限を有する国内裁判所による効果的な救済を受ける権利を有する。

第9条　何人も、ほしいままに逮捕、拘禁、又は追放されることはない。

第10条　すべて人は、自己の権利及び義務並びに自己に対する刑事責任が決定されるに当っては、独立の公平な裁判所による公正な公開の審理を受けることについて完全に平等の権利を有する。

第11条　1　犯罪の訴追を受けた者は、すべて、自己の弁護に必要なすべての保障を与えられた公開の裁判において法律に従って有罪の立証があるまでは、無罪と推定される権利を有する。
2　何人も、実行の時に国内法又は国際法により犯罪を構成しなかった作為又は不作為のために有罪とされることはない。また、犯罪が行われた時に適用される刑罰より重い刑罰を課せられない。

第12条　何人も、自己の私事、家族、家庭若しくは通信に対して、ほしいままに干渉され、又は名誉及び信用に対して攻撃を受けることはない。人はすべて、このような干渉又は攻撃に対して法の保護を受ける権利を有する。

第13条　1　すべて人は、各国の境界内において自由に移転及び居住する権利を有する。
2　すべて人は、自国その他いずれの国をも立ち去り、及び自国に帰る権利を有する。

第14条　1　すべて人は、迫害を免れるため、他国に避難することを求め、かつ、避難する権利を有する。
2　この権利は、もっぱら非政治犯罪又は国際連合の目的及び原則に反する行為を原因とする訴追の場合には、援用することはできない。

第15条　1　すべて人は、国籍をもつ権利を有する。
2　何人も、ほしいままにその国籍を奪われ、又はその国籍を変更する権利を否認されることはない。

第16条　1　成年の男女は、人種、国籍又は宗教によるいかなる制限をも受けることなく、婚姻し、かつ家庭をつくる権利を有する。成年の男女は、婚姻中及びその解消に際し、婚姻に関し平等の権利を有する。

2　婚姻は、両当事者の自由かつ完全な合意によってのみ成立する。

3　家庭は、社会の自然かつ基礎的な集団単位であって、社会及び国の保護を受ける権利を有する。

第17条　1　すべて人は、単独で又は他の者と共同して財産を所有する権利を有する。

2　何人も、ほしいままに自己の財産を奪われることはない。

第18条　すべて人は、思想、良心及び宗教の自由に対する権利を有する。この権利は、宗教又は信念を変更する自由並びに単独で又は他の者と共同して、公的に又は私的に、布教、行事、礼拝及び儀式によって宗教又は信念を表明する自由を含む。

第19条　すべて人は、意見及び表現の自由に対する権利を有する。この権利は、干渉を受けることなく自己の意見をもつ自由並びにあらゆる手段により、また、国境を越えると否とにかかわりなく、情報及び思想を求め、受け、及び伝える自由を含む。

第20条　1　すべての人は、平和的集会及び結社の自由に対する権利を有する。

2　何人も、結社に属することを強制されない。

第21条　1　すべて人は、直接に又は自由に選出された代表者を通じて、自国の政治に参与する権利を有する。

2　すべて人は、自国においてひとしく公務につく権利を有する。

3　人民の意思は、統治の権力を基礎とならなければならない。この意思は、定期のかつ真正な選挙によって表明されなければならない。この選挙は、平等の普通選挙によるものでなければならず、また、秘密投票又はこれと同等の自由が保障される投票手続によって行われなければなら

ない。

第22条　すべて人は、社会の一員として、社会保障を受ける権利を有し、
かつ、国家的努力及び国際的協力により、また、各国の組織及び資源に
応じて、自己の尊厳と自己の人格の自由な発展とに欠くことのできない
経済的、社会的及び文化的権利を実現する権利を有する。

第23条　1　すべて人は、勤労し、職業を自由に選択し、公正かつ有利な
勤労条件を確保し、及び失業に対する保護を受ける権利を有する。
2　すべて人は、いかなる差別をも受けることなく、同等の勤労に対し、
同等の報酬を受ける権利を有する。
3　勤労する者は、すべて、自己及び家族に対して人間の尊厳にふさわし
い生活を保障する公正かつ有利な報酬を受け、かつ、必要な場合には、
他の社会的保護手段によって補充を受けることができる。
4　すべて人は、自己の利益を保護するために労働組合を組織し、及びこ
れに参加する権利を有する。

第24条　すべて人は、労働時間の合理的な制限及び定期的な有給休暇を含
む休息及び余暇をもつ権利を有する。

第25条　1　すべて人は、衣食住、医療及び必要な社会的施設等により、
自己及び家族の健康及び福祉に十分な生活水準を保持する権利並びに失
業、疾病、心身障害、配偶者の死亡、老齢その他不可抗力による生活不
能の場合は、保障を受ける権利を有する。
2　母と子とは、特別の保護及び援助を受ける権利を有する。すべての児
童は、嫡出であると否とを問わず、同じ社会的保護を受ける。

第26条　1　すべて人は、教育を受ける権利を有する。教育は、少なくと
も初等の及び基礎的の段階においては、無償でなければならない。初等
教育は、義務的でなければならない。技術教育及び職業教育は、一般に
利用できるものでなければならず、また、高等教育は、能力に応じ、す
べての者にひとしく開放されていなければならない。

2　教育は、人格の完全な発展並びに人権及び基本的自由の尊重の強化を目的としなければならない。教育は、すべての国又は人種的若しくは宗教的集団の相互間の理解、寛容及び友好関係を増進し、かつ、平和の維持のため、国際連合の活動を促進するものでなければならない。

3　親は、子に与える教育の種類を選択する優先的権利を有する。

第27条　1　すべて人は、自由に社会の文化生活に参加し、芸術を鑑賞し、及び科学の進歩とその恩恵とにあずかる権利を有する。

2　すべて人は、その創作した科学的、文学的又は美術的作品から生ずる精神的及び物質的利益を保護される権利を有する。

第28条　すべて人は、この宣言に掲げる権利及び自由が完全に実現される社会的及び国際的秩序に対する権利を有する。

第29条　1　すべて人は、その人格の自由かつ完全な発展がその中にあってのみ可能である社会に対して義務を負う。

2　すべて人は、自己の権利及び自由を行使するに当っては、他人の権利及び自由の正当な承認及び尊重を保障すること並びに民主的社会における道徳、公の秩序及び一般の福祉の正当な要求を満たすことをもっぱら目的として法律によって定められた制限にのみ服する。

3　これらの権利及び自由は、いかなる場合にも、国際連合の目的及び原則に反して行使してはならない。

第30条　この宣言のいかなる規定も、いずれかの国、集団又は個人に対して、この宣言に掲げる権利及び自由の破壊を目的とする活動に従事し、又はそのような目的を有する行為を行う権利を認めるものと解釈してはならない。

あとがき

　本書執筆の企画をいただいてから2年以上が経過しました。この2年間は新型コロナウイルス感染症が世界に広がった時期でもあり、しばしば指摘されるように、格差の拡大をはじめ、これまでこの社会が抱えていたさまざまな深刻な問題が顕在化することにもなりました。そして、世界各地に異常気象をもたらすなど、気候変動も確実に深刻さを増しており、地球上の生命への影響もますます大きくなってきています。こうした事態のほとんどがSDGsと深く関連していることをあらためて認識させられます。

　一方、SDGsに関する書籍やネット上の言説などはますます増えてきているように思います。それ以外にも実に多様な分野でSDGsが言及され、あるいはさまざまな現場で取り上げられ、SDGsの認知度も右肩上がりです。

　しかし、「はじめに」でも触れたように、SDGsのロゴマークやバッジだけが「独り歩き」してはいないか、そして「SDGsと人権」が語られることが少ないのはなぜか、といった私たちの懸念と疑問はなお解消されていないと感じています。この本が、そうした点を少しでも問いかけることができれば嬉しく思います。

　ただ、「Q&A」の書籍として「読めばわかる」ことを目指した執筆は、平坦な道のりではありませんでした。SDGsや「2030アジェンダ」が課題とする範囲は極めて広く、それらも踏まえながら「SDGsと人権」というテーマをわかりやすく伝えることの難しさに、私たちも直面することになりました。意識しながらも書くことができなかった視点やテーマも多く、不十分な内容やうまく伝わらない

ところがあるとすれば、私たちの力不足によるものです。

　壁の前でしばしば立ち止まり、また多忙ななか、しばらく作業がストップしてしまうことも多かったこの2年間は、しかし私たちにとって貴重な学びの機会ともなりました。コロナ禍のなかでほとんどがオンラインでしたが、筆者間で重ねたミーティングは数え切れないほどの回数に及び、もともと専門領域も経験も異なる私たちが、議論を重ねるうちに新たに気づかされていった視点や論点も少なくありませんでした。この本の内容として取り入れることができなかった内容は、それぞれのフィールドで今後の課題にしていきたいと思っています。

　最後に、牛歩の歩みであったこの間、粘り強く見守っていただき、また少しでもわかりやすくするために貴重なご助言もいただいた解放出版社の尾上年秀さんに、この場をお借りして心から感謝したいと思います。

執筆者一同

執筆者一覧 *は編者

松岡秀紀* （まつおか ひでき）
一般財団法人アジア・太平洋人権情報センター特任研究員、関西学院大学非常勤講師、同志社大学大学院嘱託講師、大阪市立大学非常勤講師
担当：はじめに／第1章 Q1〜5／第4章 Q14〜18

岡島克樹* （おかじま かつき）
大阪大谷大学教授、特定非営利活動法人国際子ども権利センター副代表理事、特定非営利活動法人関西NGO協議会理事
担当：第1章 Q3コラム「誰一人取り残さない」はどこから？／第2章 Q7・8／第3章 Q11〜13

黒田かをり（くろだ かをり）
一般財団法人CSOネットワーク顧問
担当：第2章 Q6・9・10

SDGsと人権 Q&A 地域・学校・企業から考える

2021年12月25日　初版第1刷発行

編著者　松岡秀紀・岡島克樹 ©

発　行　株式会社 解放出版社
552-0001 大阪市港区波除4-1-37 HRCビル3階
電話 06-6581-8542　FAX 06-6581-8552
東京事務所
113-0033 文京区本郷1-28-36 鳳明ビル102A
電話 03-5213-4771　FAX 03-5213-4777
郵便振替 00900-4-75417　HP http://www.kaihou-s.com/

装丁　森本良成
本文レイアウト　伊原秀夫
印刷　モリモト印刷株式会社

ISBN978-4-7592-6799-0　NDC360　171P　21cm
定価はカバーに表示しています。落丁・乱丁はお取り換えします。

障害などの理由で印刷媒体による本書のご利用が困難な方へ

　本書の内容を、点訳データ、音読データ、拡大写本データなどに複製することを認めます。ただし、営利を目的とする場合はこのかぎりではありません。

　また、本書をご購入いただいた方のうち、障害などのために本書を読めない方に、テキストデータを提供いたします。

　ご希望の方は、下記のテキストデータ引換券（コピー不可）を同封し、住所、氏名、メールアドレス、電話番号をご記入のうえ、下記までお申し込みください。メールの添付ファイルでテキストデータを送ります。

　なお、データはテキストのみで、写真などは含まれません。

　第三者への貸与、配信、ネット上での公開などは著作権法で禁止されていますのでご留意をお願いいたします。

あて先
〒552-0001 大阪市港区波除4-1-37 HRCビル3F 解放出版社
　　　　テキストデータ係